本书由吉林财经大学出版资助

国际金融危机对我国进出口贸易传染研究

■ 刘琳琳 ◎ 著

中国社会科学出版社

图书在版编目（CIP）数据

国际金融危机对我国进出口贸易传染研究/刘琳琳著 .
—北京：中国社会科学出版社，2017.5
ISBN 978 - 7 - 5203 - 0173 - 2

Ⅰ.①国…　Ⅱ.①刘…　Ⅲ.①国际金融—金融危机—
影响—进出口贸易—研究—中国　Ⅳ.①F752.6

中国版本图书馆 CIP 数据核字（2017）第 080963 号

出 版 人	赵剑英	
责任编辑	卢小生	
责任校对	周晓东	
责任印制	王　超	

出　　版	中国社会科学出版社	
社　　址	北京鼓楼西大街甲 158 号	
邮　　编	100720	
网　　址	http：//www.csspw.cn	
发 行 部	010 - 84083685	
门 市 部	010 - 84029450	
经　　销	新华书店及其他书店	

印　　刷	北京明恒达印务有限公司	
装　　订	廊坊市广阳区广增装订厂	
版　　次	2017 年 5 月第 1 版	
印　　次	2017 年 5 月第 1 次印刷	

开　　本	710×1000　1/16	
印　　张	9.75	
插　　页	2	
字　　数	136 千字	
定　　价	46.00 元	

凡购买中国社会科学出版社图书，如有质量问题请与本社营销中心联系调换
电话：010 - 84083683

前　　言

20 世纪 90 年代以来，伴随着经济全球化、金融一体化程度的不断加深，金融危机爆发得愈加频繁，其破坏力越来越大，传染性越来越强，破坏范围越来越广，已经成为学者的普遍共识。金融危机主要通过季风效应、金融渠道、贸易渠道以及净传染效应传染，其中，金融渠道与贸易渠道是最重要的传染渠道。改革开放以来在经济全球化的背景下，我国经济与世界经济联系日益紧密，我国经济在分享经济全球化带来利益的同时，也面临着更大的国际金融风险。由于我国金融市场开放程度不高，在亚洲金融危机和美国次贷危机中，金融危机通过金融渠道对我国的影响有限。然而，我国是出口导向型经济，亚洲金融危机与美国次贷危机都是先通过贸易渠道传染到我国，我国进出口贸易也是这两次危机中受影响最为严重的宏观经济层面。目前，我国经济正处于"增长速度换挡期""结构调整阵痛期"和"前期刺激政策消化期"的"三期叠加"的特定阶段。加之后危机时代国际经济形势瞬息万变，我国既要持之以恒推动经济结构战略性调整，又要树立危机应对意识，及时发现和果断处理各类风险。在此背景下，剖析国际金融危机与我国进出口贸易的关联，研究金融危机对我国进出口贸易的冲击影响，探索金融危机对我国进出口贸易的传染机制及影响因素，发掘我国进出口贸易面对国际金融危机的脆弱性之所在对增强我国进出口贸易的抗风险能力，推动我国经济发展具有重要意义。

本书吸收国内外前沿研究成果，依据金融危机理论、金融危机传染理论以及国际贸易理论，从贸易方式的视角系统地研究国际金融危机对我国进出口贸易的传染。本书为亚洲金融危机与美国次贷危机期间我国加工贸易进口、出口总额和一般贸易进口、出口总额建立动态因子模型，提取出代表这四个变量协同变动的共同因子和分别代表它们自身波动特点的特定因子，利用 VAR 模型、格兰杰因果检验、多元因果检验以及脉冲响应分析等经济计量方法对国际金融危机对我国进出口贸易的传染进行实证研究，并将亚洲金融危机与美国次贷危机对我国进出口贸易的传染机制与冲击影响进行比较研究，在此基础上，为我国进出口贸易更好地防范和应对国际金融危机提供对策建议。

本书的研究成果和主要结论如下：

第一，通过对金融危机传染机制系统的理论研究指出，金融危机通过贸易渠道、金融渠道、季风效应和净传染效应进行传染；在危机的贸易渠道传染中，收入、汇率以及贸易政策是影响贸易传染的重要因素。本书通过对亚洲金融危机与美国次贷危机爆发根源和传染机制的理论研究得到的结论是：这两次金融危机的传播扩散是多种传染机制共同作用的结果。

第二，利用动态因子模型以及 VAR 模型、格兰杰因果检验、多元因果检验以及脉冲响应分析等经济计量方法对亚洲金融危机和美国次贷危机对我国进出口贸易的传染进行实证研究，得出如下结论：

（1）美国次贷危机对我国进出口贸易造成了严重的负面影响，我国进出口贸易受危机传染的收入效应和价格效应都很显著，根据多元因果检验结果，与收入效应相比，价格效应在美国次贷危机期间对我国进出口贸易的影响更重要。

（2）美国次贷危机期间，我国一般贸易与加工贸易对金融危机冲击的反应存在差异，一般贸易对外部需求的变动较为敏感，而加工贸易对汇率的变动较为敏感。

（3）亚洲金融危机同样对我国进出口贸易造成了严重的负面影响，但是，由于危机对东南亚地区我国的贸易竞争国影响较大，而对美国、欧盟等我国重要的贸易伙伴影响较小，我国进出口贸易受危机传染的价格效应显著，而收入效应不显著。

第三，通过将亚洲金融危机与美国次贷危机对我国进出口贸易的传染进行比较研究，得出如下结论：

（1）虽然美国次贷危机和亚洲金融危机都对我国进出口贸易造成负面冲击，但是，这两次危机对我国进出口贸易的传染机制有较大差异：亚洲金融危机主要通过间接多边贸易传染到我国，而美国次贷危机同时通过直接双边贸易和间接多边贸易传染到我国。

（2）与外需相比，汇率始终是国际金融危机对我国进出口贸易传染的重要影响因素，因此，以低附加值、低技术含量产品为主的加工贸易增加了我国进出口贸易的脆弱性。美国次贷危机之后，我国进出口贸易的低价格优势将难以维系，为了更好地应对和防范金融危机，我国应转变贸易发展方式、优化贸易结构、完善进出口贸易政策以及加快人民币国际化进程。

本书对进一步丰富和完善金融危机传染理论，加强金融危机对我国进出口贸易传染的研究深度具有重要的理论价值；对我国进出口贸易提高防范与应对国际金融危机的能力具有重要的现实意义。

目　　录

第一章 绪论

第一节 研究背景和研究意义

一 研究背景

20世纪以来，伴随着全球经济的迅猛发展，金融危机始终间歇性爆发。有关金融危机的系统研究最早也可以追溯到20世纪30年代的"大萧条"，这场危机的影响十分深远，造成了全球性经济衰退。"大萧条"引起了学者的广泛关注，成为学者研究金融危机的样本。此后的几十年间，全球经济虽然发生过几次金融危机，但是，影响范围都不是很广，破坏程度也并不是很严重，这使学者一度认为金融危机是危言耸听，甚至是杞人忧天。

然而，20世纪90年代之后，在全球经济一体化背景下，金融危机频繁爆发，破坏力不断加大，其中一些典型的金融危机，如欧洲货币体系危机、墨西哥金融危机、亚洲金融危机以及刚刚席卷全球的美国次贷危机——对全球经济发展造成的危害十分严重，综合这些金融危机的共同特点就是传染性、突然性、破坏性和频繁性。尤其是亚洲金融危机之后，金融危机所具有的传染性成为金融危机最显著的特点。随着全球经济、金融一体化程度的迅速提高，金融危机的传播速度越来越快，扩散范围越来越广，传染性越来越强，破坏力越来越深已经成为学者的普遍共识。

为何在一国爆发的金融危机会迅速地扩散至全球各个国家？这

其中复杂的传染机制是什么？频频爆发的金融危机使金融危机的传染渠道、传染机制和传染后果成为国内外学者的研究热点。现有的国内外研究文献表明国际金融危机主要通过季风效应、金融渠道、贸易渠道、净传染效应等几种方式传染，其中，金融渠道传染和贸易渠道传染是最主要的传染方式。由于我国金融市场开放程度不是很高，在1998年亚洲金融危机和2007年美国次贷危机这两次系统性金融危机中，金融危机通过金融渠道对我国的传染有限。然而我国是出口导向型经济，如表1－1所示，2001年12月11日我国正式加入世界贸易组织之后，对外贸易依存度节节攀升；2007年美国次贷危机爆发之前，我国对外贸易依存度已经超过60%。

表1－1　　　　　2002—2008年中国对外贸易依存度变化情况

单位：亿美元、%

年份	2002	2003	2004	2005	2006	2007	2008
进出口总额	6208	8510	11546	14219	17604	21766	25633
GDP	14538	16410	19316	22576	27135	34957	45218
对外贸易依存度	43	52	60	63	65	62	57

资料来源：笔者根据《中国统计年鉴》计算。

长期对国际市场的过度依赖也使我国进出口贸易易于受到国际市场变动的冲击，在亚洲金融危机与美国次贷危机期间，金融危机对我国进出口贸易造成了强烈的负面冲击。1997年7月，金融危机在泰国爆发并迅速向其他东南亚国家（地区）蔓延，直至1998年8月危机严重深化并波及俄罗斯和巴西。1998年上半年我国对亚洲国家（地区）的出口明显下降，增长率出现大幅下滑，直至1999年2月出口贸易总额跌至谷底之后才开始出现增长势头。2001年12月11日，我国正式成为世界贸易组织成员之后，我国与世界经济联系更加紧密，受益于世界经济的繁荣发展，我国进出口贸易规模持续快速增长。然而，2007年席卷全球的美国次贷危机使我国的进出口贸易再次遭受重创。2008年以来，我国进出口贸易总额增速持续放缓，2008年11月，我国进出口贸易总额出现了自2001年6月以来的首次同比负增长，并于2009年3月达到最低点，之后开始有所回升，但增速恢复缓慢。时至今日，美国次贷危机对我国进出口贸易造成的损失和影响仍在继续。

爆发于一国的金融危机为何能够如此迅速地蔓延直至衍变成全球性的金融危机？我国进出口贸易为何在亚洲金融危机与美国次贷危机期间两次遭受重创？这其中复杂的传染机理是什么？针对这一系列问题，学者对金融危机的生成机理、传染渠道、传染机制、传染后果以及防范和早期预警系统展开了大量研究，获得了丰富的有价值的研究成果。然而，在全球经济一体化、金融自由化的今天，经济形势瞬息万变，特别是在后危机时代这样的经济背景下，各国家与地区之间的联系既紧密又复杂多变，已有的金融危机理论并不能完全满足理解和防范金融危机的需要，金融危机理论仍需发展与完善。金融危机传染理论是金融危机理论最重要的内容，从金融危机传染理论入手既可以揭示金融危机爆发原因，又可以为金融危机预警与防范奠定基础。鉴于我国是出口导向型经济，金融市场开放程度不高，深入剖析国际金融危机与我国进出口贸易的关联，探索金融危机对我国进出口贸易的传染机制，挖掘我国进出口贸易面对国际金融危机的脆弱性之所在是本书研究的出发点。

二 研究意义

从经济学理论角度看，进出口贸易是一国发挥比较优势，促使生产要素充分利用、提高生产效率、扩大就业、促进经济发展、加强与世界联系的重要手段。一国的进出口贸易规模、贸易结构、贸易政策与其经济发展具有重要的交互作用。我国是出口导向型经济，改革开放30多年来，随着我国参与经济、金融全球化程度的不断加深，一方面我国进出口贸易蓬勃发展，对外贸易依存度节节攀升，进出口贸易对拉动我国GDP增长、增加财政收入、缓解就业压力、创造社会福利、推动经济发展做出了重要贡献；另一方面，我国经济对国际市场的过度依赖也潜藏着巨大的风险，我国的经济对国际市场的变动十分敏感，易于受到冲击。

在经济全球化、金融一体化的背景下，一方面各国（地区）相互依存、联系紧密；另一方面全球经济金融形势愈加复杂多变，潜藏着巨大的风险和不稳定性。近年来，频繁爆发的大规模、灾难性金融危机表明金融风险在各国家与地区之间的传染性正在逐步增强。因此，本书探索亚洲金融危机和美国次贷危机这两次系统性金融危机对我国进出口贸易的传染机制，对金融危机对我国进出口贸易冲击影响进行定量分析，发掘我国进出口贸易中存在的深层次问题并提出我国进出口贸易应对国际金融危机的对策建议具有重要的理论意义和现实意义。

（一）对进一步丰富和完善金融危机理论具有重要的理论意义

金融危机理论内涵丰富而又庞杂，目前国内外学者尚未对金融危机理论形成一个完整的、明确的、统一的理论体系。金融危机传染理论作为金融危机理论的主体内容，许多问题还存在争论，亟须进一步深入研究与完善。本书对金融危机和金融危机传染概念的界定，对亚洲金融危机与美国次贷危机这样破坏力极强的系统性金融危机爆发和传染特点的总结，可以加深对金融危机的认识与理解，进一步丰富现代金融危机理论以及金融危机传染理论。

（二）对我国进出口贸易建立金融危机预警系统、防范国际金融风险具有重要的现实意义

20 世纪 90 年代以来爆发的大规模、灾难性金融危机（如亚洲金融危机、美国次贷危机）最典型的特点就是其具有极强的传染性。爆发于一国的金融危机可以迅速扩散至一个地区甚至是全世界的现象引起了世界各国管理层和研究者们的关注。本书从金融危机对我国进出口贸易的传染入手，通过对我国进出口贸易遭受国际金融危机负面冲击影响的定量分析为我国进出口贸易积极防范国际金融危机提供对策建议，这对我国开展宏观审慎监管，提高抵御经济风险和金融风险的能力，确保经济平稳发展具有重要的现实意义。

第二节 文献综述

亚洲金融危机与美国次贷危机这样传染性很强的系统性金融危机之后,在全球经济、金融一体化背景下爆发于一国的金融危机会迅速地蔓延演变为区域性甚至是全球性的金融危机这一现象引起了世界各国学者的广泛关注,掀起了金融危机相关研究的热潮。目前世界各国学者的研究取得了重大进展,研究成果庞杂而又丰富,这其中针对金融危机传染的研究是金融危机相关研究的重点,这主要是因为从金融危机传染理论入手,既可以揭示一国受金融危机传染的原因,又可以为金融危机预警与防范奠定理论基础。金融危机传染通常分为国内传染和国际传染,金融危机的国内传染是指金融危机在危机爆发国的逐步深化进而从单一的货币危机、银行危机或资本危机演变为全面的金融危机的过程;金融危机的国际传染是指爆发于一国的金融危机通过某种传播渠道和传染机制向其他国家和地区扩散。已有的理论和实证研究中金融危机传染大多专指金融危机的国际传染。

以往国内外学者对金融危机传染的相关研究大致可以总结为两类:第一类是理论研究,主要是针对金融危机内涵的界定、金融危机的爆发根源、传染渠道、传染机制(尤其是贸易传染机制)以及国际金融危机防范和预警的对策建议的理论探讨;第二类是实证研究,主要是应用数学模型和经济计量模型检验某些国家或地区是否遭受到金融危机的传染,以及金融危机通过各传染渠道对一国(或地区)经济产生影响程度的定量分析。

一 金融危机传染的理论研究

金融危机的相关研究最早可以追溯到 20 世纪 30 年代的"大萧条",这场影响深远的危机引起了学者的广泛关注,成为金融危机的研究样本。20 世纪以来,几次典型金融危机的爆发都掀起了学者对金融危机理论的研究热潮，经过不断的修正和改进，研究成果十分丰富。

有关金融危机传染的理论研究最早可以追溯到美国著名经济学家查尔斯·P. 金德尔伯格和罗伯特·E. 阿利伯（Charles P. Kindleberger and Robert Z. Aliber，1978）在《疯狂、惊恐和崩溃：金融危机史》一书中的系统研究。查尔斯和罗伯特指出，各国家或地区之间的进出口贸易、金融市场以及投资者的情绪联系越紧密，金融危机越易于传染。此后，1992 年的欧洲货币危机和 1997 年的亚洲金融危机所具有的极强的传染性，掀起了国际上对金融危机传染的研究热潮，格拉克和斯梅茨（Gerlach and Smets，1995）、梅森（Masson，1998）、戈德斯坦（Goldstein，1998）、多恩布什（Dornbusch，2000）等从不同角度解释金融危机的传染，其中，最具有代表性的是，梅森（1998）将金融危机的传染原因总结为季风效应、溢出效应以及净传染效应，梅森的观点得到了研究者的广泛认可，此后的大多数金融危机传染研究都在梅森的框架下进行。

国内学者对金融危机传染理论的系统研究成果较少，其中具有代表性的是：范恒森、李连三（2001）界定了金融危机传染的定义，并将金融危机传染的渠道划分为只有在危机发生后才出现而在稳定时期不存在的偶发性传染渠道和在稳定期和金融危机期都存在的非偶发性传染渠道，他们指出，非偶发性传染渠道是基于各国家基本经济状况的真实联系；罗春婵（2010）的金融危机传导理论研究中以金融危机传导为主线对金融危机传导的含义、传导机制、传导结果和早期预警进行了全面的研究；张晨宏（2012）基于金融系统的复杂性对金融危机的演化和传导进行分析。

本书通过对国内外相关研究成果的梳理和归纳总结发现，研究者普遍认为，金融危机的传染主要分为贸易渠道的传染、金融渠道的传染、季风效应以及纯传染（或称净传染）效应，其中，贸易渠道的传染和金融渠道的传染都是与经济基础变量相关的传染，是接触性传染，即在经济、金融全球化背景下国家和地区之间经济基础变量联系紧密，一国（或地区）发生的金融危机会对其他国家（或地区）的基础经济变量产生影响从而进行危机的传染；而净传染效应与季风效应是非接触性传染，指金融危机不是通过影响一国的基础经济变量进行传染。在 20 世纪以来几次典型的大规模金融危机如亚洲金融危机和美国次贷危机的扩散过程中，多种渠道的传染都起到了不同的作用。

（一）贸易渠道传染

贸易渠道是金融危机最主要的传染渠道，许多研究者针对金融危机的贸易传染机制进行研究。格拉克和斯梅茨（1995）认为，金融危机通过国家之间的进出口贸易联系进行传染。他们的研究表明，当一国货币受到投机性攻击而造成汇率贬值时，该国的出口商品在国际上就会具有价格优势，这就使该国的贸易竞争国为了维持其出口贸易在国际市场上的份额而采取竞争性货币贬值策略甚至爆发金融危机，这一观点与格利克和罗斯（Glick and Rose，1999）的研究相一致。格利克和罗斯认为，进出口贸易和金融危机的关联主要体现在出口的下降上，贸易传染渠道是金融危机传染最为严重的传染渠道。克罗塞蒂（Corsetti，2000）通过构建"中心—周边"模型，对格拉克和斯梅茨的观点做了进一步解释，他们的解释得到了伯格和瓦格纳（Berger and Wagner，2002）的支持。梅森（1998）在其建立的多重均衡模型中指出，进出口贸易是国家间的实际联系，它和金融危机传染紧密关联。Huh 和 Kasa（2001）认为，由于东南亚国家（地区）是对美国出口的贸易竞争国，因此，亚洲金融危机期间这些国家的竞争性货币贬值对危机的传染起到了重要作用。

国内学者针对金融危机贸易传染的大量研究始于 1997 年的亚洲金融危机，2008 年美国次贷危机之后，相关研究更是层出不穷。边立铭（1999）的研究表明，由于俄罗斯的进出口贸易对外依赖性过强导致在亚洲金融危机期间俄罗斯通过贸易传染在 1997 年和 1998 年两度陷入金融危机。李小牧（2000）强调了贸易传染在金融危机传染中的重要作用。邢毓静（2002）将金融危机的贸易传染渠道划分为直接贸易传染渠道与间接贸易传染渠道；卢盛荣（2009）的观点是金融危机通过汇率与外贸的传染途径对我国经济产生影响。王维红（2012）基于复杂网络模型理论研究金融危机在国际贸易网络中的跨国传染。

（二）金融渠道传染

随着全球经济金融化，金融一体化程度不断加深，各国（地区）的金融市场关联程度逐渐增强，金融危机会通过国家间的金融关联传染。Goldfajn 和 Valdes 认为，金融中介是金融危机通过金融渠道传染的关键。Goldfajn 和 Valdes 指出，金融中介给国外投资者提供流动资产，虽然增加了资本的流动性，但是当一国货币受到攻击时，金融中介会发生挤兑，引发货币危机的爆发。而当金融中介为了应对自身的流动性不足向其他国家回收贷款时就会将金融危机传染到其他国家。梅森（1998）、Kallberg 和 Pasquariello（2008）、Longstaff（2010）等的研究都为国际金融危机的金融市场传染提供了理论依据。Pavlova 等（2006）认为，金融市场的不完善和体制特点对金融危机在各国家（地区）之间的传播起到重要影响。他们通过构造"中心—周边"模型说明不同国家之间分散的投资组合会引起金融危机传染。随后，Rigobon 等（2010）又补充提出，由于商品的相对价格变化和金融资产价格变化引起的财富再分配会导致金融危机国际传染。布鲁纳迈耶（Brunnermeier，2010）等以抵押品价格波动对信贷的影响来研究金融风险扩散。

国内学者关于金融危机通过金融渠道的国际传染问题也进行了积极的探讨，并初步取得了一些显著成果。麦勇（2009）以商业银行流动性为研究对象，通过建立流动性偏好模型，分析、比较了在流动性冲击干扰下，不完备银行间存款市场结构和完备的银行间存款市场结构中银行危机的传染机制。

（三）净传染（纯传染）效应

贸易传染与金融传染都是建立在各国（地区）之间的实体经济联系基础之上的，而净传染效应则是与宏观经济基本面无关的金融危机传染。亚洲金融危机之后，研究者发现，仅仅从各国（地区）之间宏观经济基本面的联系入手无法很好地解释金融危机传染，必须研究当一国宏观经济基本面没有发生明显恶化时金融危机的传染机制。梅森（1998）认为，净传染效应与投资者的预期密切相关，金融危机的净传染才是真正的传染。米勒（Mille，1998）在梅森的研究基础上将危机的净传染分为心理传染和信息传染。德拉森（Drazen，2000）认为，政治因素也会导致金融危机的净传染，1992年的欧洲货币体系危机中政治因素对危机传染起到了重要作用。戈德斯坦（1998）从"唤醒效应"视角分析金融危机的净传染。戈德斯坦认为，一国发生金融危机时会对投资者产生"唤醒效应"，投资者会对其他与金融危机爆发国相似国家的宏观经济变量进行重新观察与评估，发现该国的金融风险，撤离资金，引发该地区爆发危机。Loretan 和 Remolona（2009）的研究结果表明，净传染效应在美国次贷危机向亚洲国家的传染过程中发挥了重要作用。

国内学者关于金融危机净传染效应的研究主要有：林后春、蒋三庚、成小洲（1999）的研究表明，公众的恐慌心理是国际金融危机向我国传染的渠道之一；李小牧（2000）强调了心理预期导致的金融危机的国际传染；王鹏（2007）将净传染分为经济传染、政治传染和文明传染；李刚、潘浩敏、贾威（2009）；武占云（2010）等认为，净传染效应是金融危机传染的重要渠道。

（四）季风效应

梅森（1998）认为，"季风效应是指同时影响所有国家经济基本面的或全球性的冲击"，由此季风效应又称共同冲击。梅森（1999）、萨默斯（Summers，2000）认为，季风效应（即共同冲击）是金融危机传染的重要渠道，它会导致不同国家金融危机的同时爆发，这与国内学者安辉（2004）的观点相一致。Moreno 和 Thehan（2000）的研究结果表明，季风效应（即共同冲击）解释了75%以上的货币危机的共同发生。

二　金融危机传染的实证研究

目前，国内外学者对金融危机国际传染的实证研究主要集中在两个方面：一方面是对金融危机传染的存在性检验，即爆发于一国的金融危机是否会传染到其他国家；另一方面是针对金融危机传染的多种渠道的检验，即验证一些渠道是否导致了金融危机的传染，并比较这些渠道在金融危机传染过程中的重要性。

（一）金融危机传染的存在性检验

针对金融危机传染的存在性检验的研究成果主要从以下几个方面入手，即资产价格相关性检验、波动性溢出效应检验、金融危机爆发的条件概率检验、协整关系分析、复杂网络模型以及其他方法的实证研究。

1. 资产价格相关性检验

资产价格相关性检验是最早的，也是最直接的检验金融危机传染的方法。许多研究者认为，金融危机期间，各国（地区）市场间的资产价格高度相关，因此可以根据各国（地区）之间的资产价格相关性在金融危机爆发前后有无明显变化来检验是否存在金融危机传染。Bertero 和 Mayer（1989）运用简单的相关系数检验，以美国1987 年的金融危机为例证实了金融危机传染效应的存在。King 和 Wadhwani（1990）的检验结果表明，英国、美国和日本市场的相关系数在 1987 年 10 月美国"股灾"之后显著增强。Baig 和 Goldfajn（1998）检验了亚洲金融危机期间东南亚各国（地区）市场间相关系数的变化，研究结果表明，亚洲金融危机爆发期间各国（地区）相关系数显著提高。Loretan 和 English（2000）通过计算并比较德国与英国的债券市场、股票市场以及美元/日元汇率的每日收益的相关系数在墨西哥危机爆发前后的变化，发现墨西哥危机期间，德国与英国之间的相关性显著增强。

然而，随着统计学与计量经济学的发展，这种检验方法不断地受到质疑，也有部分学者指出了这种方法存在的缺陷：第一，数据之间的相关关系并不意味着因果关系；第二，如果两国市场由于历史、政治等因素原本就是紧密相关的，那么当一个市场发生急剧变化甚至爆发金融危机时，自然会导致另一个市场发生相应的变化。因此，仅仅检验两个市场的资产价格相关性在危机前后是否发生明显的变化不能作为金融危机传染存在的依据。

2. 波动性溢出效应检验

以波动性溢出效应为出发点进行金融危机传染研究的学者们的普遍共识是：各个金融市场的波动可能会相互影响，因此可以通过检验金融市场的波动性溢出效应即在金融危机爆发前后不同国家金融市场收益的条件方差的相关性是否出现显著变化来验证金融危机传染是否发生。研究者们通常利用向量自回归（Vector Auto Regression，VAR）模型、格兰杰因果检验、脉冲响应分析、方差分解和广义自回归条件异方差（GARCH）模型来检验金融危机传染的存在性。

Mashi（1999）利用 VAR 模型通过检验亚洲金融危机期间东南亚各国（地区）股票市场之间的波动性溢出效应来验证这些国家（地区）之间的金融危机传染的存在性。Yang 和 Bessler（2008）同样利用 VAR 模型验证了 1987 年 10 月美国"股灾"期间美国市场对日本市场传染的存在。国内学者的相关研究主要有：张志波、齐中英（2005）利用 GARCH 模型、VAR 模型以及脉冲响应分析检验亚洲金融危机爆发后中国香港、印度尼西亚、韩国、马来西亚、菲律宾、中国、新加坡、泰国以及中国台湾等亚洲 9 个国家（地区）的外汇市场的波动性之间存在单向或者双向因果关系。刘畅（2006）同样利用 VAR 模型验证了各国汇率之间的波动性溢出效应是存在的。张博和石欣鑫（2010）利用 VAR 模型、格兰杰因果检验以及脉冲响应分析对美国次贷危机对中国证券市场的传染进行检验，研究结果表明，美国次贷危机对中国的传染是双向传染。

采用 GARCH 模型检验波动性溢出效应的研究主要有：Hamao（1990）认为，1987 年美国股票市场大崩盘之后，美国和英国对日本存在波动性溢出效应；爱德华兹（Edwards，1998）的研究表明，

1995 年墨西哥危机爆发之后墨西哥债券市场对阿根廷债券具有明显的波动性溢出效应,而对智利则没有波动性溢出效应;方毅、张屹山(2007)通过使用基于多元 GARCH 模型的 VAR 系统对我国铝、铜金属期货市场波动性溢出效应进行实证研究,研究结果表明,上海期货交易所存在由期铜向期铝的风险传导,这种传导大部分是由与宏观经济基本面无关的因素产生的;而伦敦期货交易所的期铜与期铝之间不存在波动性溢出效应;游家兴(2010)从中国经济与世界经济一体化程度不断加深的视角使用非对称多元 GARCH 模型对美国次贷危机对中国的传染进行实证研究,研究结果表明,美国次贷危机期间中国股票市场与欧美市场的联动性显著增强,中国参与全球经济一体化程度越深,金融危机对中国的传染能力越强。

3. 金融危机爆发的条件概率检验

这种方法将金融危机的传染定义为在考虑了经济基本变量值后一国(地区)爆发金融危机时其他国家(地区)爆发金融危机的条件概率的显著增大,所采用的模型大多是 Probit 模型和 Logit 模型。Eichengreen、Rose 和 Wyplosz(1996)最早对 20 个国家 1959—1993 年的面板数据建立 Probit 模型检验货币危机传染的存在性。研究结果表明,不考虑一些政治、经济等基本变量,某些国家(地区)发生货币危机更易使与其贸易关系密切的国家(地区)发生货币危机的条件概率提高。格利克和罗斯(1998)在埃森格林(Eichengreen)等研究的基础上扩大了样本数据(161 个国家),同样利用 Probit 模型研究 5 次金融危机的传染效应,他们的研究表明,贸易传染是金融危机重要的传染渠道,这一观点得到了 FHaile 和 S. Pozo(2008)的进一步验证。

也有一些研究认为,各国(地区)之间的金融联系会提高一国被金融危机传染的条件概率。卡明斯基和莱恩哈特(Kaminsky and Reinhart, 2000)认为,当某些国家存在共同债权人时,其中几个国家爆发金融危机会将另一些国家爆发金融危机的条件概率显著地提高。马君潞、吕剑(2007)为 26 个转型经济国家分别建立 Probit 和

Logit 模型，分析一国的汇率制度与金融危机发生概率之间的关系，研究表明，一国汇率制度与金融危机发生概率具有密切联系，相对于中间汇率制度和浮动汇率制度，我国实行盯住美元的固定汇率制度引发金融危机的概率最小。

条件概率方法的缺陷是，当变量存在异方差时，模型对条件概率的估计结果是有偏的，这会导致研究者对金融危机爆发前后各国金融市场间的波动相关性出现错误估计。

4. 协整关系分析

随着全球经济、金融一体化程度的加深，各国金融市场联系越加紧密，它们之间可能存在长期均衡关系，这种长期均衡关系就存在潜在的金融危机传染因素。协整关系分析主要利用协整（Co‐integration）模型估计不同国家市场间的长期均衡关系，然后通过分析对长期均衡偏离的过程来检验金融危机传染的存在。卡欣（Cashin，1995）、卡明斯基（1999）、冯芸和吴冲锋（2002）都利用协整模型验证了金融危机传染的存在。

由于协整方法主要是针对变量之间的长期均衡关系进行分析的，而很多大规模、灾难性的金融危机都是在短期内迅速传染到各国（地区），因此协整方法不能用来解释金融危机短期内的传染效应。

5. 复杂网络模型

在当今经济金融化、金融一体化的背景下，世界各国已经通过金融、经济以及贸易网络联结成一个相互依存、相互关联的有机整体，爆发于一国的金融危机会通过世界网络迅速蔓延至全球，因此研究者们开始从复杂网络的角度研究金融危机传染。

目前，从复杂网络角度研究金融危机传染的研究成果大部分集中在金融危机在银行网络中的传染，少部分是关于金融危机在金融市场网络的传染。阿伦和盖尔（Allen and Gale，2000）、Cifuentesetal（2005）分别建立了银行网络模型并指出，银行网络联结越密切，金融危机传染的可能性越大。卡萨和达菲（Cassar and Duffy，2001）将银行间的网络联结设定为局域网络和全局网络。他们的研究结果表明，如果联结银行的网络是局域网，那么这个网络系统的流动性不足，金融危机传染的可能性较小，传播速度较慢；如果联结银行的网络是全局网，那么这个网络系统的流动性相较局域网会大大提高，同时金融危机也易于在这个网络系统中传染。有关金融市场的复杂网络模型的研究相对较少，Gai 和 Kapadia（2008），Naylor、Rose 和 Moyle（2008）都将复杂网络理论应用于金融危机在金融市场中的传染。

此外，Raja Kali 和 Javier Reyes（2010）对 20 世纪 90 年代以来历次金融危机在国际贸易网络中的传染进行了实证研究；Kim（2004）使用人工神经网络为韩国建立金融危机预警系统；王维红（2012）依据复杂网络理论构建了世界贸易网络并对美国次贷危机在国际贸易网络中的跨国传染进行实证研究。

6. 其他方法的实证研究

目前，针对金融危机传染的存在性检验还有空间计量经济分析、极值分析以及 Copula 函数等方法，国内学者对这些模型的应用起步较晚，利用这些模型检验金融危机传染效应是否存在的实证研究还比较少。

空间计量方法是通过空间自相关理论设置空间权重矩阵分析金融危机传染。国内学者朱曼玲（2009）利用空间分析建立了国与国之间金融危机传染的时空模型。邸倩（2012）通过空间计量方法对 20 世纪 90 年代以来四次典型的金融危机进行实证分析，研究结果表明净传染效应在金融危机传染中起着重要作用。

亚洲金融危机之后，鉴于极值理论和 Copula 函数在捕捉非线性特征方面的明显优势，研究者将这两种方法应用到检验金融危机传染的存在性研究中。

极值就是时间序列中出现的极端数据，它常常会导致金融危机的发生。极值分析就是通过分析经济所受到的冲击是否超过某个阈值来检验金融危机传染的存在。Bae（2003）、Pesaran（2006）认为，当金融冲击超过某个阈值时，金融危机传染才会发生。

利用 Copula 模型进行金融危机传染检验的研究文献的主要思路是，利用 Copula 变点将样本数据分为金融危机爆发前和爆发后两部分，然后对比这两部分数据相依结构的变化。如果尾部相依系数明显增大，则认为存在金融危机传染。Juan（2007）、韦艳华（2008）以及叶五一（2009）等都进行了相关的实证研究。韦艳华（2008）以越南 2008 年年初爆发的金融危机为样本利用 Copula 理论构建金融危机传染的检验方法检验越南金融危机向其周边 8 个国家（地区）传染的可能性。

（二）金融危机传染的多渠道检验

金融危机传染的多渠道检验大多集中在验证一些渠道是否导致了金融危机的传染，并比较这些渠道在金融危机传染过程中的重要性。

Fratzscher（1998）的研究结果表明，金融、贸易以及宏观经济基本面无关的因素在拉丁美洲金融危机与亚洲金融危机的传染中扮演着重要角色。卡明斯基和莱恩哈特（2000）的实证研究也验证了金融危机通过贸易渠道与金融渠道传染的存在性。Fratzscher（2003）在之前的研究基础上进行了实证研究，他认为，新兴国家在金融市场上的紧密联系对亚洲金融危机传染起着重要作用。Fasika Haile 和 Susan Pozo（2008）认为，大部分国家通过贸易渠道遭受货币危机传染。

国内学者针对金融危机通过多种不同传染渠道的传染效应也做了大量的实证检验，亚洲金融危机与美国次贷危机之后相关研究成果大量涌现。安辉（2004）的研究结果表明，贸易、金融以及季风效应是亚洲金融危机的重要国际传染渠道。尧慧君、何雅琨（2009）针对美国次贷危机对中国的跨国传染进行实证研究，他们认为，贸易、金融以及季风效应是中国受美国次贷危机传染的主要渠道。李刚、潘浩敏以及贾威（2009）利用空间统计方法对亚洲金融危机与美国次贷危机的传染进行实证分析，他们指出，地理位置、贸易关系和资本项目开放度是两次金融危机的主要传染渠道。

牟晓云（2011）对美国次贷危机通过贸易、金融以及季风效应对中国、日本和韩国三国的冲击影响进行定量分析，她的研究结果表明，席卷全球的美国次贷危机对中国、日本和韩国都存在贸易渠道的传染，对中国和韩国的存在金融渠道的传染，而对日本的金融渠道的传染不显著；对中国的季风效应显著，对日本和韩国的季风效应不显著。

　　国内也有一些学者专门研究金融危机的贸易传染机制，特别是针对金融危机通过贸易传染渠道对我国进出口贸易的传染效应的研究成果十分丰富。谭秀英（1998）研究了亚洲金融危机对日本进出口贸易的传染过程；中国科学院金融避险对策研究组（1998）分析了亚洲金融危机对我国进出口贸易的冲击，认为亚洲金融危机对我国出口造成了负面冲击。裴平等（2009）研究了美国次贷危机对我国的"贸易溢出效应"，他指出，美国次贷危机对我国前十大出口对象国（地区）造成了严重的负面冲击，大幅减少它们的进口需求，引起我国出口贸易的持续下降；陈学彬、徐明东（2010）利用进出口方程的弹性分析法对国外收入和汇率两个因素对我国进出口贸易的影响进行了定量分析，研究结果表明，美国次贷危机期间全球经济衰退对我国进出口贸易产生了严重的负面冲击影响，同时人民币汇率的大幅升值进一步加剧了我国进出口贸易的下滑；李子联、黄瑞玲（2010）运用 Beveridge – Nelson 数据分解法将我国实际进出口贸易总额数据分解为确定性趋势项、周期项和随机冲击项，认为美国次贷危机对我国进出口贸易的冲击程度较大。蒋瑛、曾忠东（2011）认为，美国次贷危机通过贸易传染机制对我国进出口贸易造成负面冲击影响。王会强（2012）通过对亚洲金融危机与美国次贷危机对我国进出口贸易的冲击影响进行比较分析得出结论：亚洲金融危机与美国次贷危机都首先通过贸易渠道传染至我国并进而对我国实体经济产生影响。

三　当前研究文献评价

　　20 世纪以来频繁爆发的金融危机使研究者对金融危机的关注经久不衰，相关研究成果层出不穷。通过对现有的研究文献进行梳理与归纳总结，笔者发现，这些研究成果存在一定的局限性与不足。

首先，在金融危机理论研究方面，虽然研究成果非常丰富，但是研究者们对金融危机、金融危机传染、金融危机的传染渠道、金融危机的传染机制的研究各自有不同的侧重点，尚未形成系统、统一、明确的理论框架。

其次，在针对金融危机传染的实证研究中，研究者或者将金融危机通过所有传染渠道的传染融合在一起检验某些国家（地区）受金融危机传染的总效应，或者分别检验各个金融危机传染渠道对某些国家（地区）的传染是否存在，并比较这些传染渠道在金融危机国际传染中的重要程度，而对于金融危机通过贸易、金融、季风效应以及净传染效应等某一特定传染渠道的传染机制及其影响因素的深入研究较少。

再次，我国是出口导向型经济，亚洲金融危机与美国次贷危机都首先通过贸易渠道传染到我国。然而，目前专门针对金融危机通过贸易传染渠道对我国进行风险传染的研究成果较少，已有的少量研究成果也大多集中在以下两个方面：一是对贸易联系是否是我国遭受国际金融危机传染的原因的检验；二是对金融危机对我国进出口贸易影响的分析，即金融危机爆发后我国进出口贸易总体或某种商品总额、模式、价格的变化，且这些研究大多以浅显的描述性事实为主。因此，针对金融危机对我国进出口贸易的传染进行定量分析，探索国际金融危机对我国的进出口贸易传染机制及其影响因素，发掘我国进出口贸易脆弱性之所在的深入研究十分缺乏。此外，将亚洲金融危机与美国次贷危机对我国进出口贸易的传染进行比较的实证研究也十分稀少。

最后，在专门针对国际金融危机对我国的贸易传染的定量研究中，还存在着以下不足：（1）相当一部分研究成果处于金融危机爆发初期或中期，此时金融危机的影响还未完全显现。因此，这些研究成果存在样本数据时间过短，数据量不足以充分体现金融危机的冲击结果的问题；（2）所采用的样本数据不平稳，存在"伪回归"

现象；（3）没有将进口、出口贸易融合在一起考虑，大多数研究只
注重金融危机对出口贸易的影响，忽略了金融危机对我国进口贸易
的影响；（4）加工贸易是我国重要的贸易方式，目前学者们对加工
贸易在我国经济发展中所起到的作用还存在很多争议，而从贸易方
式视角对国际金融危机对我国进出口贸易传染的研究十分缺乏；
（5）只能检验我国进出口贸易受金融危机直接冲击影响的收入效应
和价格效应的存在性，而不能比较它们的相对重要程度。

第三节　研究思路、内容及方法

一　研究思路

鉴于现有研究的局限性与不足，本书的研究以金融危机传染理
论为出发点，定性分析与定量分析相结合研究金融危机与我国进出
口贸易动态关联，探索国际金融危机对我国进出口贸易的传染机制
及其影响因素，发掘我国进出口贸易脆弱性之所在，试图突破原有
研究的局限性，为金融危机对我国进出口贸易的传染研究提供新的
分析思路。本书的研究思路如图 1-1 所示。

第一，在现有的金融危机传染的理论研究成果的基础上，对金
融危机的贸易传染渠道，贸易传染机制进行理论研究。

第二，以国际金融危机贸易传染机制的理论研究为基础，构建我
国进出口贸易受国际金融危机传染的数量模型；利用 VAR 模型、格
兰杰因果检验、多元因果检验以及脉冲响应分析等计量经济方法对亚
洲金融危机与美国次贷危机对我国进出口贸易的传染进行实证研究。

第三，将亚洲金融危机与美国次贷危机对我国进出口贸易的传
染进行比较分析，发掘我国进出口贸易中存在的深层次问题。

第四，为提高我国进出口贸易抵御经济风险和金融风险的能力，
确保国民经济平稳健康发展提出对策建议。

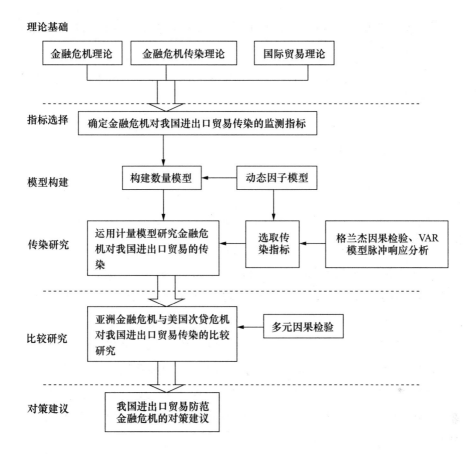

图 1-1 研究思路

二 研究内容

本书各章具体研究内容如下：

第一章为绪论。本章主要介绍本书的研究背景与研究意义，通过对国内外有关金融危机传染特别是贸易渠道传染的前沿研究文献的梳理与评价，确定研究的总体研究思路与研究内容、给出的研究方法和创新之处。

第二章为现代金融危机理论。本章对金融危机相关概念进行辨析与界定、介绍金融危机的主要类型，详尽地阐述现代金融危机体系的经典的四代金融危机模型，该章是本书后续研究的理论基础。

第三章为金融危机传染机制研究。本章对金融危机的传染渠道、传染机制进行系统的理论研究，依据金融危机传染理论以亚洲金融危机与美国次贷危机为样本考察它们的爆发根源和传染机制，为后续的实证研究奠定基础。

第四章为美国次贷危机对我国进出口贸易传染的实证研究。本章是本书研究的重点内容，该章首先介绍了动态因子模型，然后从贸易方式的视角应用动态因子模型提取出代表美国次贷危机期间我国加工贸易进口、出口总额和一般贸易进口、出口总额协同变动的共同因子和分别代表它们自身波动特点的特定因子，应用格兰杰因果检验方法考察美国次贷危机对我国一般贸易、加工贸易的共同因子和特定因子影响的收入效应与价格效应的存在性，探索我国一般贸易与加工贸易对美国次贷危机反映的异质性，应用 VAR 模型和脉冲响应分析考察金融危机与我国进出口贸易的动态关联。

第五章为美国次贷危机与亚洲金融危机对我国进出口贸易传染的比较研究。本章首先同样为亚洲金融危机期间我国加工贸易与一般贸易的进口、出口总额建立动态因子模型提取共同因子；其次通过格兰杰因果检验考察亚洲金融危机对我国进出口贸易传染的存在性，通过构造多元因果检验分别比较金融危机对我国进出口贸易影响的收入效应和价格效应的重要程度，通过两次金融危机对我国进出口贸易影响的比较研究，探索国际金融危机对我国进出口贸易传染的影响因素，发掘我国进出口贸易面对国际金融危机的脆弱性之所在。

第六章为我国进出口贸易防范与应对金融危机对策研究。本章以前文的理论与实证研究为基础，分析了美国次贷危机之后世界贸易格局的新变化，并针对这些变化，为我国进出口贸易防范与应对国际金融危机提出对策建议。

三　研究方法

本书以金融危机传染理论作为研究的理论基础，理论研究与实证研究相结合，定性研究与定量研究相结合，对国际金融危机对我国进出口贸易的传染机制、冲击影响以及我国进出口贸易存在的深层次问题进行系统、深入的研究。

（一）经济计量方法

实证研究是本书的研究核心，本书在实证研究中使用了多种经济计量方法。本书主要的计量模型是斯托克和沃森（Stock and Watson，1991）基于状态空间模型构建的动态因子模型。自从伯恩斯和米切尔（Burns and Michell，1946）的研究之后，学者对经济周期内许多宏观经济变量存在同步变动这一典型事实已达成共识。斯托克和沃森构建动态因子模型提取代表宏观经济变量协同变动的共同因子。本书利用动态因子模型提取代表亚洲金融危机和美国次贷危机期间我国加工贸易进口、出口总额和一般贸易进口、出口总额协同变动的共同因子和分别代表它们自身波动特点的特定因子。

此外，本书还使用格兰杰因果检验验证国际金融危机对我国进出口贸易传染的存在性，使用 VAR（Vector Auto Regression）模型和脉冲响应函数考察金融危机与我国进出口贸易的动态关联。

由于格兰杰因果检验只能判别两个变量之间的因果关系，本书还通过 AR（自回归即 Auto Regressive）模型构建了一个结果变量 y 与多个原因变量 x_1，x_2，…，x_n 的多元因果关系检验，用于比较国际金融危机对我国进出口贸易传染的收入效应和价格效应的重要程度。

（二）比较分析法

本书的研究注重比较分析法。本书将亚洲金融危机与美国次贷危机对我国进出口贸易的传染机制及冲击影响进行比较研究，从而发掘国际金融危机对我国进出口贸易传染的影响因素，探索我国进出口贸易面对国际金融危机传染的脆弱性之所在。

四　创新之处

本书研究的创新之处主要有以下几个方面：

第一，基于贸易方式视角研究金融危机对我国进出口贸易的传染是本书提出的新的研究方向。1996 年以来我国的贸易结构逐渐转变为由一般贸易和加工贸易构成的一种"两头倚重"的模式。而一般贸易与加工贸易面对国际金融危机冲击的表现也呈现出异质性，这就意味着以往的针对金融危机对我国进出口贸易总体的传染研究存在局限性，因此需要从贸易方式的视角研究国际金融危机对我国进出口贸易的传染，剖析我国进出口贸易中存在的深层次问题，突破以往研究的局限性。

第二，通过对金融危机对我国进出口贸易传染的理论与实证研究，给出了国际金融危机与我国进出口贸易的动态关联关系，确定了我国进出口贸易受国际金融危机传染的影响因素并比较了各影响因素的相对重要程度，发现了以低价格为竞争优势的加工贸易增加了我国进出口贸易的脆弱性，并以此为基础为我国进出口贸易防范国际金融风险提出了转变贸易发展方式、优化贸易结构、完善进出口贸易政策以及加快人民币国际化进程等对策建议。

第三，在定量分析方法方面的创新点主要是：（1）利用动态因子模型提取代表金融危机期间我国加工贸易进口、出口总额和一般贸易进口、出口总额协同变动的共同因子和分别代表它们自身波动特点的特定因子，通过研究金融危机对我国一般贸易和加工贸易的共同因子和特定因子的影响考察国际金融危机与我国进出口贸易的关联关系、探索我国一般贸易与加工贸易对金融危机反映的差异性、发掘我国进出口贸易的脆弱性。（2）通过自回归 AR（Auto Regressive）模型构建了一个结果变量 y 与多个原因变量 x_1，x_2，…，x_n 的多元因果关系检验，并利用该多元因果检验比较美国次贷危机影响我国进出口贸易共同因子的收入效应和价格效应的相对重要程度，得到的结论是：与收入效应相比，美国次贷危机的价格效应对共同因子的影响更加重要。

第二章　现代金融危机理论

20 世纪以来，伴随着全球经济的迅猛发展，金融危机始终间歇性爆发，欧洲货币危机、墨西哥金融危机、亚洲金融危机以及美国次贷危机等几次大规模、灾难性金融危机的爆发使金融危机成为全球经济学界的研究热点，相关研究成果十分丰富，经过研究者们不断的改进和完善，形成了较为成熟的现代金融危机理论。

第一节　基本概念界定

一　金融危机

虽然当前国内外有关金融危机的研究成果十分丰富，但遗憾的是研究者对于金融危机的定义还存在争论，尚未形成统一明确的定义，著名经济学家雷蒙德·W. 戈德史密斯（Raymond Goldsmith）曾将金融危机比作西方文化中的美女，很难定义但如果遇上很容易识别。

雷蒙德·W. 戈德史密斯在 1969 年给出的金融危机定义是："所有或绝大部分金融指标的一次急剧的、短暂的、超周期的恶化，这些指标包括短期利率、资产（股票、房地产）价格、厂商的偿债能力以及金融机构的破产等。"① 金德尔伯格在《新帕尔格雷夫经济

---

① ［美］雷蒙德·W. 戈德史密斯：《金融结构与金融发展》，上海人民出版社 1996 年版，第 39 页。

学大辞典》中也采用了戈德史密斯对金融危机的定义，目前这是应用最广泛的金融危机定义。然而，这一金融危机定义认为外汇短缺不是金融危机的必要特征，这与 20 世纪 90 年代以来爆发的几次典型金融危机的特征明显不符。

米切尔·博多（Michael Bordo）给出的金融危机定义是："十大因素或十大关系：预期的变动，对某些金融机构资不抵债的担心，试图将不动产或流动性较差的资产转化为货币等。"

克罗克特（Crockett）对金融危机的定义是："金融体系出现严重困难，绝大部分金融指标急剧恶化，各类金融资产价格暴跌，金融机构大量破产。"

弗雷德克·米什金（Frederc Mishkin）对金融危机的解释是："所谓金融危机就是一种逆向选择和道德风险问题变得太严重，以至于金融市场不能够有效地将资源导向那些拥有最高生产率的投资项目，因而导致的金融市场崩溃。"

国内许多学者也对金融危机的概念进行界定。目前，国内学者采用最广泛的金融危机的概念界定是由刘园、王达学给出的，即"金融危机是指起源于一国或一地区乃至整个国际金融市场或金融系统的动荡超出金融监管部门的控制能力，造成金融制度混乱。"[①]王德祥（2002），王益、白钦先（2000）等分别从表现形式、生成原因等方面界定金融危机。

综上所述，虽然研究者对金融危机的解释角度不同，但他们对金融危机的某些特征的描述大体上是一致的。由此，本书将金融危机解释为超出金融监管部门监管能力的全部或大部分金融指标的急剧、短暂和超周期的恶化以及由此造成的一国（地区）甚至是整个国际金融系统的动荡、对经济的一系列严重破坏。金融危机的主要表现包括：强制清理旧债；大量存款人同时从银行取现，银行发生

---

① 刘园、王达学：《金融危机的防范与管理》，北京大学出版社 1999 年版，第 56 页。

挤兑；很多金融机构坏账增加，相继破产或濒临破产；资产价格大幅下跌；有价证券发行锐减；货币持续大幅贬值；股价暴跌，股市崩溃；商业信用缩减，货币流动性短缺；市场利率急剧提高；市场充斥着恐慌心理，市场参与者信心不足；金融市场陷入混乱等。

二 货币危机与金融危机

货币危机就是指一国货币汇率的危机，即本国货币受到投机性攻击而政府难以捍卫本币汇率的情形，它的主要表现是外汇储备持续大幅减少，固定汇率机制崩溃或被迫调整以及本币利率飞升等。虽然现有的研究成果对金融危机的概念界定尚未完全统一，但是，他们普遍认为金融危机比货币危机的含义更加广泛，它不但包含货币危机的全部内容，还涵盖商业信用、资本市场等更加丰富的内容。亚洲金融危机之前爆发的金融危机大多表现为货币危机，研究者曾一度认为，金融危机就是货币危机，两者并没有本质区别。然而，亚洲金融危机不仅仅表现为货币危机，而是多种危机形式相继或同时混合出现，因此金融危机并不是单纯的货币危机，目前研究者更加关注的是金融危机。

三 经济危机与金融危机

金融与经济不同，金融系统包含在经济系统中，金融系统是经济体系的一个子系统，传统的经济危机概念涵盖金融危机。经济危机主要是指一个国家、一个地区或者全世界基本经济变量的极端恶化，整个经济体系陷入极端的萧条之中，它主要表现为以下几个方面：

（1）生产领域中的产品滞销，企业减产或停产，大量工商企业倒闭，失业率上升，生产力遭到严重破坏，社会经济倒退。

（2）流通领域中的物价大幅下跌，商品滞销，大量商业流通企业倒闭，商业活动陷入混乱等。

（3）金融领域中的金融机构纷纷破产，市场流动性短缺，利率大幅上升，资本大量外逃，股市剧烈震荡等。

从大体上看，经济危机以生产领域的危机为核心，连带着商业领域与金融系统的危机。

　　经济危机与金融危机的联系十分紧密，经济危机蕴含着金融危机，但是，由于金融体系自身存在的脆弱性，金融危机的爆发又表现出一定的独立性和超周期性。20 世纪早期爆发的经济危机往往是金融危机的直接原因。然而，近年来随着全球经济金融化、金融一体化的迅猛发展，金融危机的爆发呈现出与以往不同的特点，如金融危机的爆发极具有超前性、超周期性、传染性以及破坏性等。爆发于金融系统的金融危机往往会不断扩散与深化，最终影响到实体经济，演变为经济危机，如 2009 年爆发于美国华尔街的次贷危机，在迅速发展为全球金融危机之后又开始向实体经济蔓延，并最终引起全球经济衰退。

第二节　金融危机的类型

　　金融危机按照不同的分类方法可以分为不同类型，以金融危机的影响地域为分类标准，可以将其划分为国内金融危机、区域金融危机和世界金融危机；以金融风险来源为分类标准，可以将其划分为系统性金融危机和非系统性金融危机。国际货币基金组织（IMF）在其 1998 年 5 月发表的 *World Economic Outlook* 中根据金融危机的性质和内容将其分为"货币危机"（Currency Crisis）、"银行危机"（Banking Crisis）、"债务危机"（Foreign Debt Crisis）和"系统性金融危机"（Systematic Financial Crisis），这一划分得到了研究者的普遍认可。

　　本书借鉴 IMF 对金融危机分类的思路，将金融危机划分为货币危机、银行危机、债务危机、资本市场危机和系统性金融危机。

一　货币危机

　　货币危机又称货币汇率危机或货币市场危机。货币危机往往爆发于盯住汇率制或者固定汇率制的国家。当这些国家出现本币汇率高估时，投机者会在外汇市场上对该国货币发起投机性攻击，导致外汇市场上该国货币大幅贬值，这就迫使该国金融当局为维持本币汇率动用大量外汇储备干预货币市场或急剧提高国内利率，从而造成该国货币市场出现严重混乱，甚至是原有汇率制度崩溃，因此称为货币危机。货币危机容易引发银行危机、资本市场危机以及债务危机等其他多种危机。1997年的亚洲金融危机中的泰国危机是典型的货币危机。

二　银行危机

银行危机又称金融机构危机。这类危机是指某些商业银行或者非银行金融机构的资金借贷均衡遭到破坏，资产质量下降，信用等级恶化，银行出现支付困难或者挤兑，从而引发全社会各类金融机构一系列的倒闭，这种状况迫使政府提供大规模的援助以阻止事态的发展。银行危机比货币危机更持久、影响更深远，很容易扩散至整个金融系统。

三　债务危机

债务危机是指因一国无力偿还其对私人或政府的外债而引发的危机。债务危机常常伴随着资金外逃。债务危机的典型代表就是20世纪80年代的拉美债务危机和2009年年末爆发的欧洲债务危机。

四　资本市场危机

资本市场危机又称证券市场危机。IMF并没有将资本市场危机看作独立的危机类型，而大多数国内研究都将资本市场危机单独作为一类危机，本书借鉴国内研究的思路，也将资本市场危机单独作为一类危机。资本市场危机是指"一国由于国内或国外的原因导致资本市场（主要是股票市场）价格在短期内大幅度下降"。1987年的美国"股灾"是资本市场危机的典型代表，而20世纪80年代末90年代初的日本泡沫危机也是最先由资本市场危机开始的。资本市场危机与货币危机、银行危机具有很强的联动性，它们往往相继发生于一次金融危机之中，1998年的亚洲金融危机就是多种类型的金融危机相继混合发生的情形。

五　系统性金融危机

系统性金融危机又称全面金融危机，是指"金融市场出现严重的混乱局面，常常表现为以上几种危机同时或相继发生、相互演化"。系统性金融危机影响深远且具有全局性，往往会危及整个金融系统的安全与稳定。从20世纪90年代以来几次典型的灾难性的金融危机的表现形式来看，前面几种危机的界限越来越模糊，一种危机的出现往往伴随着其他形式危机，它们同时发生或相继发生继而相互演化。1997—1998年的亚洲金融危机和2008年席卷全球的美国次贷危机都是典型的系统性金融危机。

第三节　四代金融危机理论

20世纪频频爆发的金融危机成为世界各国管理层和学术界的关注焦点，研究者从不同的角度对金融危机进行解释，经过不断的修正和改进，迄今为止，已经形成了四代较为成熟的金融危机理论。

一　第一代危机理论

20世纪70年代末80年代初的拉美债务危机催生了第一代金融危机理论。克鲁格曼（1979）以萨兰特和亨德森（Salant and Henderson，1978）对商品价格稳定机制的研究为基础开创性地构建了早期的货币危机模型，又称国际收支危机理论。这一理论后来经过弗拉德和加伯（Flood and Gaber，1984）以及奥布斯特费尔德（Obstfeld，1984）的修正和改进，形成了第一代金融危机理论。

第一代金融危机理论的研究视角仅仅局限于货币危机，它着重强调恶化的宏观经济基本面导致一国政府的宏观经济政策（主要是过度扩张的货币政策与财政赤字货币化）与维持固定汇率政策之间存在矛盾，从而导致一国货币易于遭受投机性攻击。克鲁格曼的模型假设包括："（1）一个小型开放经济体，只生产一种可贸易商品，该国采取盯住其主要贸易伙伴国货币的固定汇率制度，商品价格由国际市场决定，汇率由购买力平价决定；（2）货币当局利用外汇储备维持固定汇率；（3）工资、价格完全自由浮动，经济处于充分就业水平；（4）本国居民持有的资产只有本国货币、债券和外国货币、债券，国外居民不持有本币；（5）国内信贷以固定速率增加。"在这样的模型假设下，如果该国出现财政赤字，那么中央银行就会应政府要求扩张本国信用为财政赤字融资，增加国内货币供给量。本币的过度供应导致本币贬值，一方面投资者会在投资组合中减少本币的持有数量增加外币的持有数量抛售本币；另一方面中央银行为维持固定汇率就会抛售外汇储备以抵消过量的货币供给。随着财政赤字的货币化，中央银行的外汇储备不断减少。当中央银行的外汇储备彻底耗尽时，固定汇率机制就会崩溃，从而货币危机爆发。然而，当市场上存在货币投机者时，当该国外汇储备减少至自然耗尽之前的某一特定临界点时（在这一外汇储备临界点，投机者有能力在极短的时间内耗尽中央银行的外汇储备），投机者在利润最大化的原则下会对本币发起冲击，导致中央银行的外汇储备提前耗尽，固定汇率机制崩溃，货币危机以更快、更强的方式爆发。第一代危机理论还表明，政府的外汇储备越少，国内信贷增长速度越快，货币危机爆发得越早。

第一代危机理论的优点主要有：

第一，揭示了货币危机的爆发不仅仅是简单的投机者在外汇市场上的投机冲击所致，它具有深层次的经济根源，即一国宏观经济基本变量的恶化所导致政府的宏观经济政策与维持固定汇率政策的不协调，看似反复无常的投机性冲击是投机者在利润最大化原则下的选择结果。第一代危机理论对货币危机爆发根源的经济学解释标志着经济学理论对现实解释能力的提高。

第二，当一国政府将财政赤字货币化时，依据第一代危机理论投机者出于利润最大化考虑的理性行为在一定程度上是可以预测的，因此货币危机的爆发具有必然性和可预测性，可以通过对宏观经济运行状况的密切关注预测固定汇率机制的崩溃以及货币危机的爆发。

第三，第一代危机理论具有明显的政策含义，即执行固定汇率制度的国家在施行货币政策与财政政策时必须格外谨慎保持政策间的一致性，强化宏观经济基本变量，避免宏观经济失衡。第一代危机理论对具有巨额财政赤字货币化特征的拉美债务危机以及1998年的俄罗斯货币危机的解释能力比较强。

此外，第一代危机理论的不足之处在于：第一，这一理论对政府弥补财政赤字的途径假设太简单，即无论情形如何政府都通过增加货币供给量来弥补财政赤字。事实上，增加货币供给并非政府弥补财政赤字的唯一手段。第二，这一理论对中央银行干预外汇市场方式的假设也过于简单，只是通过买卖外汇。事实上政府可以通过改进财政政策，提高利率以及减少货币供给等紧缩性货币政策维持固定汇率。第三，这一理论忽略了危机爆发的外部原因，具有片面性。

二　第二代危机理论

20世纪90年代以来爆发的金融危机，如欧洲货币体系危机、墨西哥比索危机等，这些危机具有与80年代危机明显不同的特点，一些爆发货币危机的国家在危机爆发前并没有出现明显的宏观经济基本变量恶化、信贷过度扩张以及外汇储备枯竭等特征。例如，1992年欧洲货币危机爆发时，英国的宏观经济政策与维持固定汇率稳定政策之间并没有出现明显的矛盾，并且英国还拥有数量可观的外汇储备。此外，1994—1995年墨西哥比索危机爆发时墨西哥也没有施行扩张性的宏观经济政策。同样，1994年墨西哥爆发危机之后，中国香港地区汇率遭受投机性冲击时，中国香港地区也并没有施行扩张性宏观经济政策，并持有大量的外汇储备。第一代危机理论不能很好地解释90年代这些危机的发生，加之，第一代危机理论对政府行为过于简单机械化的假设等缺陷，研究者们开始寻找金融危机爆发的其他经济学理论依据，并以奥布斯特费尔德（1994），德拉森和梅森（1994），萨克斯、托内尔和维拉斯科（Sachs, Tornell and Velasco，1996）为代表形成了以第一代危机理论的缺陷为起点的第二代危机理论。第二代危机理论强调经济政策导致多重均衡的存在，从而使危机具有自我实现性，即危机在宏观经济基本变量没有明显恶化的情形下也可能发生。

第二代危机理论以第一代危机理论的缺陷为起点，主要解释了以下问题：

第一，政府不会僵化地只维持固定汇率机制，它可以选择维持固定汇率机制或放弃固定汇率机制，危机的发生与政府的选择密切相关。事实上，政府出于降低通货膨胀率、减少外资汇率风险、维持国家信誉以及加强国际合作的考虑可能会捍卫固定汇率机制。而失业率过高，以本币计值的巨额外债以及银行体系的脆弱性等因素又促使政府放弃固定汇率机制。政府会在权衡维持固定汇率机制的成本与收益之后做出选择，而维持固定汇率的成本又与市场预期密切相关。当市场普遍预期汇率会贬值时，市场参与者会依据预期因素进行经济决策，如提前抛售本币等，这会增加政府维持固定汇率的成本，政府最终可能会放弃固定汇率。由此可见，对货币贬值的预期影响了政府的选择，从而使货币危机具有自我实现性。

第二，政府和私人部门行为的非线性特征会导致经济中存在着"多重均衡"。当宏观经济基本变量并没有出现明显的恶化时，经济可能会从一个好的均衡跳跃到坏的均衡，从而货币危机爆发。奥布斯特费尔德（1996）通过构建一个简单的博弈模型来说明政府政策与经济形势的互动导致经济中"多重均衡"的存在。在这个模型中包括政府和两个投资者。政府的经济政策并不是不变的，而是随着经济形势的变化而变化。政府和投资者都根据自身对经济前景的判断和对方行为的预期进行决策，投资者在形成预期时会考虑政府政策变化的可能，而投资者的预期和行为又会通过影响宏观经济基本变量来影响政府对政策的制定。这种政府制定政策与投资者预期和行为之间的互动关系导致经济中存在多个均衡点。第二代危机理论说明即使宏观经济基本变量没有发生明显的变化，政府的宏观经济政策、私人部门的预期都可能使经济从一个宏观经济政策与固定汇率机制协调的均衡点跳跃到一个宏观经济与固定汇率机制崩溃后的汇率相协调的均衡点，从而爆发货币危机。

考虑以下例子，假设某国并没有施行过度扩张的财政政策和货币政策且汇率机制为固定汇率机制。然而，该国的失业率较高，存在以本币计价的巨额外债。当工资是刚性的，货币贬值有利于降低失业率，减少外债负担，提高该国经济竞争能力。但是，政府必须权衡维持固定汇率的成本与收益；当成本小于收益时，政府会选择维持固定汇率，当成本大于收益时，政府就会放弃固定汇率机制。然而，私人部门的预期会改变政府维持固定汇率的成本。如果私人部门预期政府最终将会选择货币贬值，并以此预期为基础进行经济决策，如提前抛售资产、要求更高的工资等，这样就会大大提高维持固定汇率的成本，政府将不得不选择货币贬值。因此，一国爆发货币危机之前并不一定都采取了过度扩张的财政货币政策。经济中最终会实现哪个均衡与私人部门的预期密切相关，私人部门的预期具有危机的自我实现性。当经济中存在多重均衡时，市场参与者的预期往往会使经济从无攻击的均衡点跳跃到遭受攻击的均衡点，从而引发货币危机。如果没有这种预期，固定汇率制度或许是可以延续的。

奥布斯特费尔德的模型在强调危机的自我实现性的同时，也强调宏观经济基础变量的作用。奥布斯特费尔德等指出，危机的自我实现性表面上看是源于市场参与者对货币贬值的预期，但是，本质上，这种预期是以一国宏观经济存在的问题为基础的（如高失业率、外债负担沉重、巨额财政赤字等）。因此，危机爆发的根源最终还要归因于宏观经济失衡以及经济政策之间的矛盾，而市场预期只不过是加速了危机的爆发，即宏观经济基本变量还没有出现明显的恶化，投机性攻击就促使危机提前爆发了。强调宏观经济基本变量在危机发生中的重要作用的研究者认为，当经济基本变量处于好的范围内危机不会发生，当经济基本变量处于坏的范围内危机必然会发生，而在好与坏这两者之间存在基本经济变量的"中间地带"，当基本经济变量处于"中间地带"时，危机可能发生也可能不发生，这其中市场参与者的预期起着重要作用。

与奥布斯特费尔德的模型不同，另一些研究者强调危机的发生与基础经济变量无关，纯粹是投机性攻击的结果，这里有两种解释方式：一种方式强调了"羊群效应"，另一种方式强调了"传染效应"。羊群效应理论认为，由于投资者信息不对称，因此对市场信息极度敏感。任何一个微小的市场信号都会改变市场参与者的预期，导致投资者的羊群行为，从而加速了危机的爆发。传染效应理论认为，危机具有传染性。一方面危机会通过贸易、金融等联系向其他国家（地区）传染；另一方面一国爆发危机之后，市场参与者的心理预期发生改变，与危机发生国在政治、经济以及文化背景等方面相似的国家会遭到自我实现性质的投机性攻击从而可能爆发货币危机。这些爆发危机的国家不存在经济基础的恶化，危机的发生完全是由于投机性攻击引起的。

与第一代危机理论相比，第二代危机理论改进了第一代危机理论有关政府僵化地捍卫固定汇率制度的简单假设，因此更为合理、更为完善。第二代危机理论说明发生货币危机的国家并不一定都采取了过度扩张的宏观经济政策，当该国失业或外债达到一定限度时，在市场参与者预期的推动下也极有可能发生危机。第二代危机理论较好地解释了1992—1993年的欧洲货币体系危机和1994—1995年的墨西哥比索危机。特别是在欧洲货币危机中受冲击影响较为严重的英国、法国、意大利以及西班牙等国家都存在较高的失业率或沉重的政府债务。然而，第一代模型与第二代模型都不能很好地解释1997年的亚洲金融危机，因为发生危机的国家（地区）都是东南亚新兴经济体，有些国家（地区）在危机爆发前并没有出现前两代危机理论所强调的过度扩张的宏观经济政策、高失业率以及巨额政府债务等。

三　第三代危机理论

第一代与第二代危机理论主要针对货币危机，它们较好地解释了20世纪八九十年代的很多货币危机，然而，它们对1997—1998年的亚洲金融危机这样的系统性金融危机的解释能力十分有限。亚洲金融危机爆发之后，其成因与传染一度成为国际金融、经济界的研究热点。研究者指出，亚洲金融危机呈现出与以往危机明显不同的许多新特征，如大规模的资本流动、金融中介过度的信用扩张、风险投资过度、资产价格存在巨大泡沫以及宏观监管不力等，由此可见，金融中介对亚洲金融危机的爆发起着重要作用。鉴于亚洲金融危机呈现出的这些新特征，研究者试图跳出汇率机制与宏观经济政策等宏观层面的分析，开始着眼于微观主体（如企业、银行等金融中介）的行为，从而构建了一系列以微观主体为基础的金融危机模型，这些模型形成了第三代危机理论。第三代危机理论主要包括三种模型，它们分别是道德风险模型、金融恐慌模型以及资产负债表模型。

（一）道德风险模型

道德风险是指由于借款人过度冒险，过度从事风险投资的不道德行为导致无法偿还贷款的风险。道德风险模型最初由麦金农和皮尔（Mckinnon and Pill，1998）提出，其后克鲁格曼（1998）对这一观点进行了归纳总结，Corsetti、Pesenti以及Roubini（1999）对这一模型进行了进一步系统、详细的阐述。与前两代危机理论不同，道德风险模型虽然仍然强调基本经济变量对危机形成的重要作用，但是，该模型已将研究视角从前两代危机理论的宏观经济层面转移到微观经济层面。道德风险模型强调金融中介机构的道德风险在导致银行过度风险投资、资产泡沫化中的核心作用。麦金农和皮尔指出，发生危机的东南亚新兴经济的企业以及金融中介机构普遍存在过度信贷、过度投资的倾向。由于这些企业、金融中介机构以及外国借款人相信即使投资失败也可以得到政府的及时援助，因此投资者普遍认为，"赚了归自己，亏了归纳税人"，这种政府明确的或者隐性的担保使得东南亚国家普遍存在严重的道德风险问题，过度的风险投资导致这些国家资产产生巨大泡沫。一旦泡沫破裂，金融机构就会陷入困境，政府为援助陷入困境的金融机构会产生巨额财政赤字，大量外资撤离，从而诱发危机。克鲁格曼（1998）构造了一个简单模型用以说明道德风险是如何导致过度风险投资的，克鲁格曼的模型表明了金融中介机构对亚洲金融危机的爆发起着重要作用。Corsetti、Pesenti 以及 Roubini 对道德风险模型进行了进一步拓展。Corsetti、Pesenti 以及 Roubini 指出，无论政府是否存在明确的担保承诺、相关法律措施等，金融中介机构和公众其实早就形成了政府会对陷入困境的金融机构进行援助的预期，政府的隐性担保是大量存在的。因此，虽然在危机爆发前，政府不存在明显的财政赤字，但是，由于政府最终还是要承担企业投资失败的损失，所以，政府存在着大量的潜在财政赤字，这些赤字最终要通过增加货币供给量来解决，从而使货币贬值、汇率机制崩溃，而市场参与者对财政赤字货币化的预期又会加速危机的爆发。

道德风险模型的政策含义十分明显，一国的制度扭曲对危机发生起着核心作用，政府与国际金融机构对本国失败金融机构的援助只能加重道德风险问题。预防危机发生应该通过取消政府明显的或者隐性的担保以及加强金融监管来实现。

（二）金融恐慌模型

金融恐慌模型又称银行挤兑模型。金融恐慌模型最初由 Diamand 和 Diybvig（1983）在分析封闭经济条件下银行挤兑现象时提出，Radelet 和 Sachs（1998）对道德风险模型进行了有力的抨击，并利用金融恐慌模型来解释亚洲金融危机。Chang 和 Velasco（1998）将金融恐慌模型扩展到开放经济中，并进一步论证 Diamand 和 Diybvig、Radelet 和 Sachs 的观点。金融恐慌模型主要延续第二代危机理论的思路，强调市场信心不足、金融恐慌等心理预期因素导致银行发生挤兑，从而引发银行业流动性危机，而政府和国际金融机构对银行业流动性危机不恰当的干预与援助又会使其最终形成金融危机。金融恐慌模型指出金融中介机构在经济中的一个重要作用就是在所有的存款人不会在同一时间同时取款的前提条件下，将存款人的短期存款进行长期经济项目的投资。在经济正常运转的情况下，存款人在银行的存款可以支持银行的长期经济投资。而当经济形势恶化的信号出现时，市场参与者的信心发生改变。存款人会预期其他人将会从银行提款，因此自己的最优选择也是立刻从银行提款，从而导致银行挤兑发生，最终导致所有人都遭受损失。由此可见，金融恐慌具有自我实现性。Radelet 和 Sachs 在抨击道德风险模型时指出亚洲金融危机爆发之前，东南亚各国（地区）并没有明显的过度投资，而且相当一部分股权投资形式的外资不存在任何形式的政府担保，因此，道德风险模型并不能很好地解释亚洲金融危机。Radelet 和 Sachs 认为，亚洲金融危机实际上是由于投资者产生心理恐慌，被迫清算资产，导致大量资本流出的流动性危机。Chang 和 Velasco 的开放经济下银行挤兑模型表明当汇率机制采用固定汇率机制、中央银行扮演最后贷款人角色时，公众对银行的挤兑最终会演变为对中央银行的挤兑，从而导致危机爆发。

依据金融恐慌模型，当一国发生危机时，政府应着重采取措施避免资本恐慌性流出以应对危机。此外，政府应采取适当的限制短期资本流入，在国际上，建立最后贷款人机制等措施来预防危机的发生。

（三）资产负债表模型

道德风险模型和金融恐慌模型都没有考虑到资产负债表在公司进行投资决策中的影响以及资本流动对汇率的影响。随着亚洲金融危机的扩散与深化，克鲁格曼（1999）从公司资产负债表的角度构建了一个新的多重均衡模型来解释亚洲金融危机，从而形成了资产负债表模型，这一模型在开放经济条件下研究企业净值与其融资能力之间的关系。模型假定国外资本只愿意提供高于企业净值一定比例的贷款，而国外资本流入的数量又会对本国货币的汇率产生影响，从而对企业外币负债的本币价值以及企业净值（资产减负债）

产生影响，这样就会导致多重均衡的存在。当国外债权人对本国企业净值有较高预期时，国外资本流入增加，本国货币升值，本国企业以外币计值的负债价值下降，企业净值增加，国外债权人的预期得以实现，从而形成了一个均衡；当国外债权人对本国企业净值预期较低时，国外资本流入减少，本国货币贬值，本国企业以外币计值的负债增加，企业净值减少，国外债权人的预期同样得以实现，这也形成了一个均衡。由此可见，经济处于哪个均衡、危机是否会发生与国外债权人对本国企业净值的预期密切相关。克鲁格曼（2001）强调事实上任何事情都可能导致本国货币大幅贬值，这种货币贬值会通过资产负债表效应引起企业净值减少，经济陷入易于爆发危机的不良经济均衡中。

克鲁格曼的资产负债表模型的政策建议是政府在危机处理中应采取暂时的资本管制以切断利率和汇率的联系。而在危机的防范方面，由于短期外债和以外币计值的债务都会在本国货币贬值时造成企业净值减少。因此，政府不但应该限制短期外债，还应该对以外币计值的外债规模进行限制。

四　第四代金融危机理论

随着金融危机的频频爆发，研究者们对金融危机的关注经久不衰，相关研究成果层出不穷。但遗憾的是，虽然每一轮危机都会催生新一代的危机理论，但这些理论都是在事后对危机发生进行解释，却不能在危机发生前进行危机预测，危机理论十分迅速地"升级换代"也反映了这些理论的不成熟。在这样令人沮丧的事实面前，克鲁格曼（2001）提出了第四代金融危机理论，试图在此问题上有所突破。与前几代危机理论将汇率及其在危机生成中所起到的重要作用作为关注重点不同，第四代危机理论将关注重点转移到更为一般的资产价格上，因此这一代危机理论考虑更多的是资本市场而不是货币市场，这与很多发生金融危机的国家的国内金融市场相似，第四代危机理论是更一般的危机理论。

克鲁格曼的模型假定在封闭条件下，经济增长靠需求来拉动。

假设 q 为托宾 q 比率，q 决定投资，而投资又通过乘数效应影响产出水平，所以，q 决定了产出水平 y，即 y = y(q)。q 又是由产出水平和利率 i 决定的，即 q = q(y, i)，其中，q 随着产出水平 y 的增加而上升，随着利率 i 的下降而下降。假定利率 i 由产出水平 y 决定，即 i = i(y)，产出水平 y 高，中央银行就提高利率 i，产出水平 y 低，就降低利率 i。克鲁格曼将 y = y(q)定义为一个商品市场均衡，而将 q = q(y,i)与 i = i(y)结合起来定义为资本市场均衡模式。

如图 2 - 1 所示，GG′曲线描述了商品市场均衡模式，即当 q 处于某个比较低的范围内时，由于此时总投资已经非常低，接近于零，这样，降低 q 并不能使总投资再降低，从而 y 也不会降低很多；当 q 处于某个比较高的范围内时，此时总投资水平也比较高。这样，再提高 q，由于资金、能力等因素的限制，投资也不可能进一步扩张，因此产出水平 y 也不会增加很多。而 q = q(y,i)与 i = i(y)结合起来定义的资本市场均衡的 q = q(y)的 AA′曲线可能向左上方倾斜，也可能向右下方倾斜。克鲁格曼指出，当中央银行对产出水平 y 的反应充分时，AA′曲线就会向右下方倾斜，此时，经济中出现一个唯一的均衡，不存在金融危机发生的征兆。

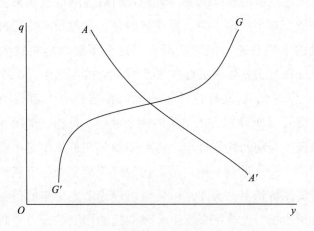

**图 2 - 1　中央银行对产出水平做出充分反应时商品市场
均衡模式与资本市场均衡模式**

如图 2 - 2 所示，当中央银行不能对产出水平 y 做出充分反应时，AA′曲线就是一条向右上方倾斜的曲线。这样，AA′曲线就会与 GG′曲线产生多个交点，这意味着经济中存在多个均衡，经济可能会陷入货币政策无法挽救的不良均衡，即发生金融危机。某些突发事件，如 IT 泡沫破裂、总统支持减税，会对市场参与者发出信号，改变市场参与者的信心，从而对投资产生影响，削弱一国经济实力，产出水平下降，价格水平下降，此时扩张性的货币政策很难发挥作用。以日本为例，即使中央银行将利率降低到零也不能阻止经济陷入不良均衡。克鲁格曼认为，此时充分的扩张性财政政策能促使经济从不良均衡恢复到良性均衡，而日本由于其财政扩张得不够充分，所以不能很好地进行经济恢复。

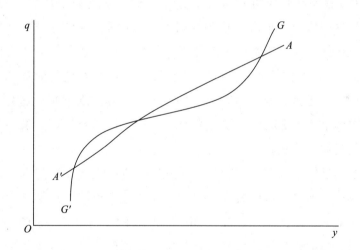

图 2 - 2　中央银行不能对产出水平做出充分反应时商品市场均衡模式与资本市场均衡模式

与第三代危机理论相似，第四代危机理论意味着政府面临十分艰难的政策选择。扩张性的货币政策与不够充分的财政扩张政策无法发挥作用，而结构改革等危机应对措施实际作用也不是很明显，甚至某些措施可能会失败。

第三章　金融危机传染机制研究

20 世纪 90 年代以来，金融危机频频爆发，其中一些大规模、灾难性金融危机在短时期内迅速地向周边国家（地区）蔓延的特征引起了各国金融当局和研究者的广泛关注，对金融危机传染机制的研究持久不衰。

对金融危机传染机制的研究是对金融危机传播扩散这一现象的形成机理的探讨。金融危机传染机制是金融危机理论的核心内容，金融危机的生成、爆发、扩散和恢复都是通过金融危机的传染机制实现的。金融危机传染机制的研究主要是关注金融危机能够蔓延至其他国家（地区）这一现象背后的宏观背景和微观机制，它突破了先前单纯地关注金融危机迅速蔓延这一现象的研究局限，是一个崭新的前沿研究课题。

虽然近年来国内外学者对金融危机的传染机制理论与实证研究成果颇丰，但是，这些研究还存在不足，最突出的一点就是金融危机相关概念、术语繁多，缺乏明确、统一的界定，容易产生误导。本章对金融危机传染的含义进行界定、详细阐述金融危机的传染渠道以及传染机制，以亚洲金融危机与美国次贷危机为样本研究它们的传染机制，为后续的实证研究奠定理论基础。

第一节　金融危机传染

金融危机传染以国界为划分标准可以划分为国内传染和国际传

染，国内传染是指"在一国金融泡沫化基础上，货币危机向资本市场危机和银行业危机，进而向全面的金融危机演变的过程"；国际传染是指"金融危机通过某种机制和渠道传播到危机发生国以外的其他国家和地区"。现有的绝大多数金融危机传染机制研究文献中，金融危机传染专指金融危机的国际传染。在本书研究中，如不特别说明，金融危机传染也特指金融危机的国际传染。

国内外学者对金融危机传染含义解释的种类众多。一些学者，例如，博尔多（Bordo，1998）、梅森（1999）将金融危机通过经济基本面的扩散称为传染，传染渠道主要是贸易渠道与金融渠道，而卡明斯基和莱恩哈特（2000）则将与经济基本面没有关系的扩散称为净传染，是真正的金融危机传染。此外，萨默斯（2000）与莫泽（Moser，2003）等学者对于"季风效应（又称共同冲击）"是否属于金融危机传染的范畴展开讨论。

Pericoli 和 Sbracia（2003）对金融危机传染的定义进行了系统的梳理，他们将已有文献对金融危机传染的定义归纳为五种，这五种定义分别从不同角度对金融危机传染的含义进行解释，即金融危机爆发可能性的提高、资产价格的波动溢出、市场间价格和数量的联动性的明显增强、传播渠道的变化以及净传染效应。

综上所述，本书将金融危机传染的含义归纳总结为"泛指金融危机从危机爆发国通过某种机制或渠道对他国家（地区）的金融体系和实体经济产生影响的过程"，它既存在于经济基本面联系密切的国家之间的接触性传染，也存在于经济基本面联系薄弱的国家之间的非接触性传染。

第二节　金融危机传染机制

金融危机传染机制是金融危机理论的核心内容，金融危机的生成、爆发、扩散和恢复都是通过金融危机的传染机制实现的。金融危机传染机制既联结着一国爆发金融危机的原因，又是建立金融危机预警系统的基础。对金融危机传染机制的研究是对爆发于一国的金融危机能够传播扩散至其他国家（地区）甚至全球的这一现象的形成机理的探讨，这需要多层次、多角度进行分析，是一个崭新的前沿研究热点。

在针对金融危机传染机制的众多研究中，最具有代表性的就是梅森（1998）的研究。梅森将金融危机的传染原因总结为季风效应、溢出效应（包括贸易溢出效应和金融溢出效应）以及净传染效应，并在此基础上构建多重均衡模型进行实证分析。梅森的研究成果得到了研究者的普遍认可。本书借鉴梅森的研究思路，在吸收现有的众多研究成果的基础上，将金融危机的传染分为贸易溢出效应的传染机制、金融溢出效应的传染机制、季风效应的传染机制和净传染效应的传染机制。这其中贸易传染和金融传染是由于不同的国家、市场之间在贸易和金融等实体方面联系密切而导致的危机传染，而季风效应和净传染效应则是与经济基本面无关的危机传染。在20世纪90年代以来爆发的几次大规模金融危机的传播过程中，虽然各种传染机制所起的作用有所不同，但金融危机的蔓延是各种传染机制综合作用的结果。

一　贸易溢出效应的传染机制

随着全球经济一体化程度的加深，进出口贸易发展十分迅猛，进出口贸易已经成为世界各国进行国际经济交往的重要手段。然而，世界各国在通过进出口贸易加强与世界经济联系促进自身经济发展的同时也使本国经济易于受到国际金融、经济风险的冲击。进出口贸易是世界各国（地区）之间实体联系最主要的渠道，因此进出口贸易传染是最重要的金融危机传染。

贸易溢出效应是指一国爆发金融危机会导致与其在进出口贸易方面联系密切的国家贸易以及经济面的恶化。格利克和罗斯（1998）的实证研究表明，国家间的进出口贸易联系在金融危机传染中起着重要作用。贸易溢出效应的传染可以分为直接双边贸易传染和间接多边贸易传染。

　　直接双边贸易传染是指金融危机在两个高度相关的贸易伙伴国之间的传染（见图 3 - 1），这种传染主要通过以下三种途径实现。假设有两个国家 A 国和 B 国，这两个国家是贸易联系密切的贸易伙伴国。此时 A 国爆发金融危机，而 B 国经济稳定。

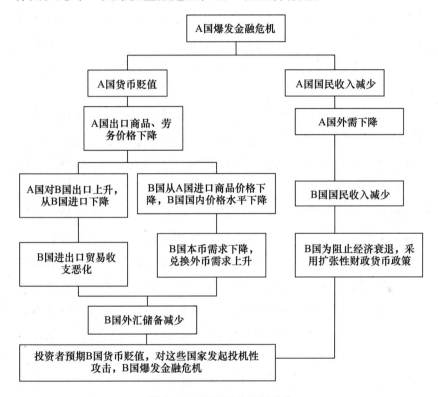

图 3 - 1　直接双边贸易传染

　　第一，当 A 国爆发金融危机时，该国货币会出现大幅贬值，这样，该国的出口商品和劳务在国际市场上的价格就会下降，竞争力提高，A 国对 B 国的出口额增加，进口额减少。B 国因此而使贸易收支恶化，外汇储备减少，经济基本面遭到破坏，从而受到货币投机性攻击，爆发金融危机。

　　第二，当 A 国爆发金融危机时，该国货币大幅贬值使 B 国从 A 国进口的商品和劳务的价格下降，这会导致 B 国的国内价格水平下降，B 国本国居民对本币的名义货币需求减少，B 国经济系统中出现多余的货币供给，B 国兑换外币的需求增加，这会导致 B 国外汇储备减少，当外汇储备下降到难以维持该国货币的汇率水平时，该国货币就易于遭受投机性攻击，爆发金融危机。

第三，A 国爆发金融危机，A 国失业率上升，国民收入下降，A 国对 B 国的出口产品、劳务的需求就会减少。如果 B 国是出口导向型国家，那么 B 国的经济形势就会恶化。如果 B 国政府采用扩张的财政政策和货币政策来阻止经济的衰退，就可能诱发外汇市场上对本币的投机性攻击。

间接多边贸易传染是指金融危机在同一国际市场的贸易竞争国之间的传染（见图 3-2），这种传染主要是通过国家间的竞争性贬值来实现。假设有两个国家 A 国和 B 国，这两个国家是竞争同一国际市场的出口贸易竞争国。当 A 国爆发金融危机时，该国的货币大幅贬值，A 国的商品在国际市场上的价格下降，竞争力提高，这就会导致 B 国的出口下降，进而恶化 B 国的实体经济。B 国为了减少国内经济所遭受的冲击，往往会选择放弃固定汇率制从而使货币贬值。在经济全球化、金融一体化的背景下，各国（地区）的经济联系十分紧密，当一个国家受到冲击率先选择货币贬值时，极易招致其他国家为减少负面冲击影响避免经济衰退将货币贬值作为政策工具或者是报复手段，从而导致国家间进行竞争性贬值，金融危机像"多米诺骨牌"一样迅速地扩散传染。研究者普遍认为，亚洲金融危机的贸易传染是很明显的，而且主要是间接多边贸易传染。当泰国爆发金融危机货币大幅贬值时，东南亚各国对泰国的出口份额并不高，因此直接双边贸易传染并不显著，然而，东亚各国产品结构相似，他们在对美国和日本的出口市场上是贸易竞争国，因此，东南亚各国为了减少泰国货币贬值对本国的负面冲击影响纷纷选择货币贬值，从而亚洲金融危机迅速地扩散。Hus 和 Kasa（1997）构建了动态博弈模型解释亚洲金融危机的传染。国内学者陈学彬（1999）通过包括中心国家和外围国家的博弈模型来说明金融危机扩散中的竞争性贬值效应，他指出，当所有国家都进行竞争性贬值时，这些国家的整体福利下降，经济衰退。

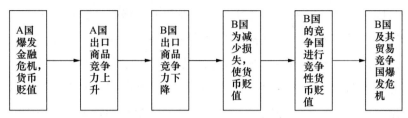

图 3 - 2　间接多边贸易传染

一般认为，金融危机通过贸易渠道传染的速度要慢于通过金融渠道传染的速度，即贸易传染具有时滞。

无论是直接双边贸易传染，还是间接多边贸易传染，金融危机都是通过收入效应、价格效应以及政策效应等机制影响危机输入国的贸易量。

（一）收入效应

收入效应是指当一国爆发金融危机时，该国失业率上升，居民可支配收入下降，从而形成恐慌心理，该国消费者的预期和消费行为会发生变化，消费需求减少，进而进口消费需求减少，危机爆发国的贸易伙伴国的出口贸易受到负面冲击，出口贸易量下降。国内学者裴平（2009）指出，美国次贷危机造成我国前十大出口对象国（地区）失业率上升，国内居民收入减少，进口需求大幅下降，对我国出口贸易的收入效应明显。

（二）价格效应

价格效应是指金融危机发生国货币贬值，进而影响该国的贸易伙伴国和贸易竞争国的进出口商品在国际市场上的相对价格，从而导致危机输入国贸易量的变动。价格效应主要分为两个方面：一方面危机发生国货币贬值，进口商品和劳务本币价格提高，进口需求减少，从而导致其贸易伙伴国的出口减少；另一方面危机发生国货币贬值，出口商品和劳务在国际市场上的相对价格下降，竞争力提高，从而对危机发生国的贸易竞争国的出口贸易产生负面冲击影响。

值得注意的是，只有当一国进出口贸易满足马歇尔—勒纳条件即该国进出口需求的价格弹性与出口商品的价格弹性之和大于1时，该国货币贬值才会改善该国进出口贸易状况。此外，一国货币贬值对进出口贸易的改善还存在"J曲线效应"，即该国进出口贸易情况首先出现恶化，一段时间之后再改善。现有的大量研究成果表明，我国进出口贸易满足马歇尔—勒纳条件。陈学彬和徐明东（2010）、陈守东和刘琳琳（2012）等的研究表明美国次贷危机期间我国进出口贸易的收入效应和价格效应都很显著。

（三）政策效应

随着金融危机的不断深化与扩散，金融危机发生国实体经济受到冲击，为减轻金融危机对本国的负面冲击影响，避免经济衰退，各国贸易保护主义加剧，贸易保护的范围和影响也不断扩大，这使出口国进出口贸易的外部国际环境雪上加霜，这种效应称为政策效应。美国次贷危机期间，各国贸易保护主义呈现出形式隐蔽化、手段多样化以及对制造业倾斜的新特点，贸易保护措施显著增加，我国与其他各国贸易摩擦日趋激烈，频频成为各国贸易保护措施的针对目标。伊文尼特（Evenett，2009）指出，美国次贷危机期间共有56个国家（地区）针对中国采取了99种贸易保护措施，这些措施对我国进出口贸易造成了危害。如表3－1所示，美国次贷危机期间世界各国针对我国的贸易保护措施最多。

表3－1　　　美国次贷危机期间贸易保护措施的五大针对国

名次	国家	贸易保护措施数量	采取措施的贸易伙伴数量
1	中国	99	56
2	美国	86	49
3	德国	84	30
4	法国	78	29
5	日本	78	46

资料来源：Evenett, S. J., Broken Promises: A G - 20 Summit Report by Global Trade Alert, Centre for Economic Policy Research, 2009。

二　金融溢出效应的传染机制

随着经济全球化、金融一体化的发展，各国（地区）金融市场的相关性逐渐增强，已经成为一个相互依存、相互关联的有机整体。自 20 世纪 90 年代以来，先进技术的发展、金融创新的大量涌现以及金融虚拟化和电子化，极大地加快了资本的全球性流动。这种资本的全球性流动在提高国际金融资源配置效率的同时也集聚了巨大的风险。国际资本流动成为金融危机传染的另一个重要渠道。金融危机通过金融渠道的传染非常迅速。

金融溢出效应是指当一国受到投机性攻击而发生货币危机时，其国内金融市场会出现流动性短缺问题，该国金融中介会在与其具有密切金融联系（这些联系包括直接投资、银行贷款、资本市场联系等）的其他国家的金融市场上清算资产，从而引发其他国家金融市场流动性不足，资金大规模外逃。根据金融危机爆发国与危机输入国之间的金融联系方式的不同，金融溢出效应的传染可以分为直接金融渠道传染和间接金融渠道传染这两种情形。

直接金融渠道传染是指金融危机在有密切的直接金融联系（这些联系包括国外直接投资、债务债权关系、股权股利关系等）的国家之间的通过国际资本流动传染。假设有两个国家 A 国和 B 国，它们之间具有直接密切的金融联系。如果 A 国爆发金融危机，A 国货币大幅贬值，资产价格大幅下降，流动性短缺。一方面，A 国金融中介为解决流动性不足，满足利润和监管要求被迫清算其在其他国家的资产，从而撤回在 B 国的直接投资、贷款等，导致 B 国流动性短缺甚至爆发金融危机；另一方面，当 A 国爆发金融危机时，B 国在 A 国的直接投资会蒙受损失，这些损失可能使 B 国出现流动性短缺，爆发金融危机。卡尔沃（Calvo，1999）通过构建内生流动性模型来说明金融危机通过直接金融渠道的传染。卡尔沃指出，当一国经济基本面出现即将恶化的信号时，拥有信息的投资者受到流动性冲击而被迫清算在该国的资产，而不拥有信息的投资者虽然不能获得该国的信息，但是，拥有信息投资者卖出该资产的行为会使不拥有信息的投资者认为该国资产的收益率下降，卖出该国资产。

间接金融渠道传染是指在金融危机爆发国与遭受金融危机传染的国家之间不存在直接金融联系的条件下，金融危机通过国际资本流动传染。假设有两个国家 A 国和 B 国，它们之间没有直接金融联系，但是，它们都与第三国即 C 国有直接的金融联系。当 A 国爆发金融危机后，C 国会同时从 A 国和 B 国撤离资金，从而导致与 A 国没有直接金融联系的 B 国受到投机性冲击，进而爆发金融危机。在经济全球化、金融一体化的背景下，各国（地区）的金融市场之间存在千丝万缕的联系，爆发于一国的金融危机往往通过间接金融渠道传染到其他国家。卡明斯基和莱恩哈特（1999）强调了共同债权人在金融危机传染过程中的重要作用，这其中的共同债权人往往指国际银行、对冲基金和机构投资者等。共同债权人同时对多个国家进行贷款，其中某个借款国爆发金融危机会导致共同债权人在该国蒙受损失，共同债权人就会调整贷款组合，削减对其他与危机爆发国经济结构相类似的借款国的贷款，从而导致金融危机的传染。Sbracia 和 Zaghini（2003）在卡明斯基和莱恩哈特的研究基础上明确了共同债权人在金融危机传染中发挥作用的条件。而 Schinasi 和 Smith（1999）的最优资产组合模型可以同时解释金融危机通过直接金融渠道和间接金融渠道的传染。投资者出于风险管理和利润要求往往利用马可维茨模型构造资产组合、分散风险，即在既定收益下资产组合风险最小。在当今世界经济一体化的背景下，一个区域内部的国家之间的资产价格相关程度较高，因此相当多的投资者选择将资产按照地理区域分散的方式进行风险管理。因此，一旦一个区域内部的某一国家爆发金融危机资产贬值时，投资者不仅会抛售该国的资产，还会抛售该区域内其他经济结构相似国家的资产，从而造成金融危机通过直接金融渠道和间接金融渠道的传染。

三　季风效应的传染机制

20 世纪 90 年代以来，随着全球经济一体化进程的加快，各国（地区）的联系愈加紧密，它们之间经济变动的同步性特征越来越明显。某个国家（尤其美国这样的发达国家）的经济政策或经济指标的变化会迅速地形成对其他国家的共同冲击从而引起它们经济的同步变动。

季风效应（Monsoonal Effects）又称共同冲击，最早由梅森（1998）提出。梅森将季风效应定义为："工业化国家经济政策和国际主要商品价格的变动往往会引发新兴市场国家金融危机的现象。"卡尔沃和莱恩哈特（Calvo and Reinhart, 1996）的研究结果表明，20世纪80年代，美国利率的变化形成了对拉美国家的共同冲击，最终导致拉美债务危机的爆发。Corsetti、Pesenti和Rpibiji（1998）认为，东南亚金融危机的爆发与1995—1996年美元对日元的连续贬值有关。学者普遍认为，1992—1993年的欧洲货币体系危机与德国提高利率的政策也有重要联系。Buiter、Corsetti和Pesenti（1995）构造了一个中心—周边模型，这个模型很好地解释了1992—1993年欧洲货币体系危机中的季风效应。这一模型有 N+1 个国家，其中包括1个中心国和N个周边国。中心国的货币与周边国的货币保持固定汇率，中心国比周边国更加厌恶风险，因此不愿意与周边国合作来维持稳定的汇率。当中心国受到外生性冲击时，它为了应对冲击维持稳定就会独立地采取措施。这时周边国家就会重新考虑它们与中心国家的固定汇率政策。如果N个周边国家进行合作都放弃了盯住中心国货币的政策，那么N个周边国家都会发生货币贬值，这样就发生了金融危机的完全传染，这对N个周边国家是最优的选择，此时货币贬值幅度不是很大。如果只有某几个周边国家放弃与中心国家保持固定汇率的货币政策，那么这些国家的货币贬值幅度相对较大，这就发生了金融危机的局部传染。安辉（2004）指出，季风效应的传染机制主要包括产业联动传染机制、浮动汇率制度与固定汇率制度下的政策传染机制。[①]

---

① 具体参见安辉《现代金融危机国际传导机制及实证分析——以亚洲金融危机为例》,《财经问题研究》2004年第8期。

四　净传染效应的传染机制

金融危机的贸易传染和金融传染都是以各国（地区）之间的密切的贸易和金融联系为基础的。然而，亚洲金融危机期间，研究者发现，金融危机也可以在贸易、金融联系比较薄弱的国家之间进行传染，这种金融危机传染现象成为学者们的研究热点。

净传染效应是指经济基础变量不能解释的金融危机传染，即在两个国家实质经济联系薄弱的情况下，危机发生国没有恶化另一国的经济基础变量的危机传染。净传染效应是一种非接触性的传染。卡明斯基和莱恩哈特（2000）将这种传染称为"真正的传染"。一国爆发金融危机之后，投资者会重新审视其他国家的经济和政治因素，从而对与危机发生国相类似的国家的心理预期和投资信心发生变化，引发对这些国家的投机性冲击，发生了危机的传染，因此，净传染效应又称为预期效应。亚洲金融危机掀起了研究者对净传染效应的研究热潮，研究者普遍认为，净传染效应在亚洲金融危机和美国次贷危机这样的系统性金融危机的传播过程中发挥着重要作用。不同学者从不同的角度对净传染效应进行解释，其中最具有代表性的研究成果有梅森（1998，1999）的多重均衡模型、戈德斯坦（1998）的"唤醒效应"以及安辉（2004）的"羊群行为"。

梅森（1998，1999）指出，"季风效应""贸易溢出效应"以及"金融溢出效应"不能完全解释墨西哥金融危机和亚洲金融危机的传染，因此，他构建了简单的两个国家的多重均衡模型来解释金融危机的传染机理并发现净传染效应对金融危机传染发挥着重要作用。梅森指出，当一个国家发生危机之后，国内外的投资者会改变心理预期，使得与危机发生国相类似的国家从一种"较好的均衡"转换到一种"较坏的均衡"，从而爆发金融危机。

戈德斯坦（1998）利用"唤醒效应"来解释净传染效应。唤醒效应是指一国发生金融危机会唤醒国内外投资者，使他们对与危机发生国相似的国家重新进行风险评估，发现之前没有发现的问题，投资者收紧投资，从而发生了金融危机传染。戈德斯坦的研究表明，亚洲金融危机期间，泰国金融危机的爆发对投资者具有明显的唤醒效应，投资者对东南亚其他国家重新进行风险评估，调整资产组合，从而导致危机向马来西亚、印度尼西亚和韩国等国家的传染。

安辉（2004）的研究中从"羊群效应"的角度对净传染效应进行了解释。安辉指出："羊群效应又称从众行为，是指个体在社会群体一致性的压力下为了增强安全感放弃自己原有的观点，采取与大多数人一致的行为。"安辉从信息层叠理论、博弈理论、对声誉的信任以及博傻心理等角度对"羊群行为"与净传染的关系进行解释。支持"羊群行为"导致净传染的学者完全否定了金融危机通过贸易、金融等国家间实质经济联系之间的传染，他们认为市场参与者拥有的信息不对称从而影响了金融市场的有效性。当一国发生金融危机并向其他各国（地区）扩散时，金融恐慌心理充斥着整个金融市场。此时，投资者对市场信息尤其敏感，任何一个信息都会使投资者改变预期，投资者在大众的心理压力下为了增强安全感会放弃原有的观点选择与群体一致的行为，从而发生投机性攻击。

虽然很多学者从不同的角度对金融危机的净传染效应进行解释，但是，研究者对国家之间的某种相似性促成了危机的净传染这一事实已达成共识。这些相似性主要包括经济相似型传染、政治相似型传染和文化背景相似型传染等。

（一）经济相似型传染

经济相似型传染是指一国发生危机时，投资者往往对与危机发生国具有相似的经济基本面的国家发起冲击，从而导致金融危机的传染。奥布斯特费尔德（1994，1996）、Radelet 和萨克斯（1998）以及克鲁格曼（1999）等认为，政府债务、失业、流动性、公司负债表等经济基本面的相似性都会导致危机的净传染。奥布斯特费尔德（1994）认为，1994 年的墨西哥金融危机的净传染主要基于国家间的政府债务的相似性。

（二）政治相似型传染

政治相似型传染是指一国发生金融危机会暴露该国政府的态度，

投资者会改变对与该国政治因素相似国家的预期，投资者会预期这些国家货币贬值，从而引发对这些国家的冲击，导致金融危机向这些国家传染。政治相似型传染主要存在于政治经济同盟国之间。①例如，欧洲汇率机制成员国都承诺维持相对稳定的汇率，如果某国要放弃固定汇率就会使该国信誉蒙受损失，政治成本增大。然而，维持固定汇率往往会在经济利益上蒙受损失（如出口贸易、失业等），因此成员国往往在政治成本与经济成本之间进行权衡。一旦某一成员国出于自身利益考虑放弃维持汇率稳定的承诺货币贬值，那么投资者就会预期其他与该国环境相似的国家货币贬值，从而引发对这些国家投机性冲击。德拉森（1999）认为，在1992年的欧洲货币体系危机中相似的政治因素在危机的传染中扮演着重要角色。

（三）文化背景相似型传染

文化背景相似型传染是指某些国家在政治、经济上相似程度并不高，但是，它们具有相似的文化背景或发展历史，因此，投资者将这些国家视为具有相同特点的国家，这些国家处理问题的思路和方式具有一致性。当这些具有相同特点的国家中的某个国家爆发金融危机、出现货币贬值时，投资者会预期其他国家货币贬值，从而进行投机性冲击导致危机向这些国家传染。安辉（2004）指出，由于市场投资者认为菲律宾与拉美国家具有相似的文化背景，都曾经是西班牙的殖民地，因此，在拉美债务危机爆发之后的一年，菲律宾也遭受到了投资者的攻击。

综上所述，金融危机通过贸易渠道、金融渠道、季风效应和净传染效应进行传染。在危机的贸易渠道传染中，收入、汇率和贸易政策是影响贸易传染的重要因素；在金融渠道传染中，由于各国（地区）之间的直接和间接金融联系而导致的国际资本流动是传染

---

① Drazen Allan, *Political Contagion in Currency Crise*, NBER Working Paper, No. W7211, 1999.

的重要机制；在季风效应传染渠道中，全球经济一体化扮演着重要角色；在净传染渠道中，市场参与者的预期是危机传染的关键。

为了直观起见，金融危机传染机制大致可以用图 3 - 2 来描述。

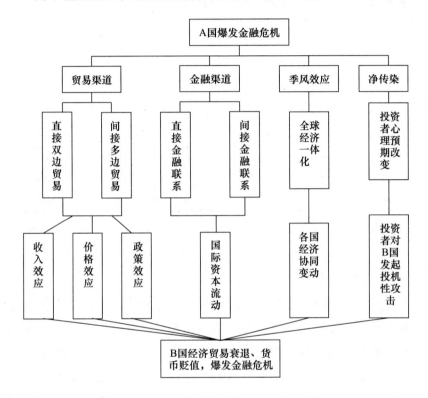

图 3 - 3　金融危机传染机制

第三节　典型金融危机传染机制研究

如表 3 - 2 所示，20 世纪 90 年代以来，金融危机爆发的频率越来越高，传播速度越来越快，影响范围越来越广，持续时间越来越长，其中一些典型的、灾难性的金融危机引起了世界经济的严重衰退，主要包括欧洲货币体系危机、墨西哥金融危机、亚洲金融危机以及刚刚席卷全球的美国次贷危机。在前文理论研究的基础上，本书以对我国经济影响较大的亚洲金融危机和美国次贷危机为样本研究它们的传染机制。

表3－2 发生金融危机的国家和年份

国家	发生年份	国家	发生年份	国家	发生年份
阿尔巴尼亚	1997	克罗地亚	1997	立陶宛	1999
亚美尼亚	1996	克罗地亚	2001	马其顿	1997
阿塞拜疆	1999	捷克	1997	摩尔多瓦	1998
白俄罗斯	1997	捷克	1998	罗马尼亚	1997
白俄罗斯	1998	爱沙尼亚	1999	罗马尼亚	1998
波黑	1999	格鲁吉亚	1999	俄罗斯	1998
保加利亚	1996	哈萨克斯坦	1997	斯洛伐克	1998
越南	1998	老挝	1997	乌克兰	1998

资料来源：Andrea Bubula and Inci Otker – Robe, 2003, "Are pegged and intermediate exchange rate regimes more crisis prone?", *IMF Working Paper*, 2003, pp. 27 – 32。

一 亚洲金融危机

1997 年一场始于泰国的金融风暴将曾经创造东南亚经济奇迹的东南亚国家（地区）拖入泥潭。随着全球金融自由化、经济一体化进程的加深，这场危机影响范围十分广泛，从东南亚、亚洲再到俄罗斯、东欧以及拉美，全球大约40％的地区遭受冲击，我国的进出口贸易也在这次危机中遭受冲击。虽然部分研究者将这次金融危机称为"东南亚金融危机"，但是，更多的学者认为，这次危机影响范围广泛，已远远超出东南亚地域范围，严重打击了亚洲经济发展，称为亚洲金融危机更为合适。亚洲金融危机引起了研究者的广泛关注，对这场危机的讨论不断深入。研究者普遍认为，亚洲金融危机是兼具货币危机、银行危机和资本市场危机的系统性金融危机，亚洲金融危机传染也是多种渠道传染的综合作用结果。

（一）亚洲金融危机的爆发根源

20 世纪90 年代初期，东南亚各国经济的持续高速增长举世瞩目，一度被经济学家视为经济发展的典范。然而，正当全世界为东南亚经济发展所创造的奇迹惊叹之时，一场突如其来的亚洲金融危机结束了东南亚经济奇迹，对东南亚各国十多年来的经济发展成果造成了严重的破坏。亚洲金融危机的爆发为何极具"突然性"？危机爆发背后的深层根源是什么？围绕着这一系列问题，研究者展开了热烈的讨论。

第一，过度国内投资导致企业及政府负债累累。20世纪90年代以来国内投资对东盟5国的经济增长起着重要作用，这些国家投资占GDP的比重居高不下，均超过30%。政府为拉动经济增长提倡公司大量投资，并鼓励国内银行通过借外债来为企业投资提供融资。过度的投资使东南亚国家（地区）内部企业负债累累，不良贷款率激增。与此同时，这些国家（地区）为弥补资金缺口通过国内银行系统在国际资本市场上融资，使自身资产负债不匹配，外债比例过高，这就为债务危机埋下了隐患。

第二，大量外资的引入制造了经济泡沫。20世纪90年代初期，东南亚各国（地区）出现了经济增长对零部件、相关机器设备以及原料的进口依赖性增强的现象。国外投资虽然在这些国家设厂生产产品，而相关设备和原材料都需要从国外进口，而当这些产业需要进行产业升级时，国外投资出于成本的考虑将会撤资，或转移到成本更加低廉的国家（地区），这就制造了经济泡沫。此外，东南亚国家（地区）对国外投资缺乏某些必要的限制，大量外资投机性的投资于第三产业，对经济稳定产生负面影响。

第三，盲目推行金融自由化，金融监管不力。随着全球金融自由化、一体化程度的加深，东南亚国家（地区）的开放速度不断加快，开放程度不断扩大，这些国家（地区）在不考虑自身的金融系统发展程度和监管能力的情况下盲目地推进金融自由化使东南亚各国（地区）金融市场十分脆弱，易于受到金融风险的冲击。资本项目自由兑换的实现使得投资者调整资金流向更加容易，从而大量投机性国际资本涌入。这些国际游资涌入的根本目的就是赚取利差，这类资金具有很强的盲目性，往往相互跟风，导致东南亚国家（地区）的发生金融动荡的可能性增大。

第四，汇率制度僵化缺乏弹性。20 世纪 80 年代以来，东南亚各国（地区）为了维持汇率稳定避免波动都选择了盯住美元的汇率政策。这种政策当美元贬值时就会带动东南亚各国货币一起贬值，从而增强东南亚各国（地区）出口商品在国际市场上的竞争力，而当美元升值时也会带动这些国家货币一起升值，从而打击了这些国家的出口贸易。

亚洲金融危机最初始于泰国。1995 年春，美国经济开始复苏，美元在短短两年多时间里持续升值，这就带动东南亚国家（地区）货币也随之一起升值。而当美元大幅升值之时，由于美日协定允许日元贬值，这样，东南亚国家（地区）的货币对日元就会大幅升值。日本与东南亚国家（地区）的贸易往来十分密切，东南亚国家（地区）的货币升值大大削弱了其商品的竞争力，这是 1996 年以来东南亚国家（地区）出口增长停滞不前的主要原因。在这种情形下，泰国、菲律宾等国并未选择放弃盯住美元的汇率政策以改善贸易收支和经常项目，而是选择了动用本国的外汇储备刻意维持本币高估的固定汇率的错误举措，这一举措使泰国、菲律宾等国本已不乐观的国内经济形势雪上加霜，加深了投资者对泰国货币贬值的预期，于是 1997 年 2 月泰国货币开始遭受投机者冲击，大量资金撤离，泰国最终于 1997 年 7 月放弃固定汇率制度改为浮动汇率制度，货币大幅贬值。始于泰国的货币危机迅速地传染到其他国家，菲律宾、印度尼西亚、马来西亚在数月内相继受到投资者攻击，纷纷放弃盯住美元的汇率政策货币贬值。1997 年秋季，这些东南亚国家（地区）的竞争性贬值愈演愈烈，股市大幅下挫，经济形势一直较为稳定的新加坡也受到了严重影响。在东南亚国家（地区）像“多米诺骨牌效应”一样骤然相继倒下之后，此次金融风暴开始向东南亚地域范围之外的国家（地区）扩散。1997 年 10 月，投资者对我国的香港地区和台湾地区发起冲击，中国台湾地区汇率大幅贬值，金融市场严重受挫，产业结构以及物价等遭受严重打击，而中国香港地区虽然维持了汇率稳定，但也为此付出了沉重的代价，股市大幅下跌，并引发欧美国家的股市震荡。而同一时期，投资者对韩国也失去了信心，韩元贬值压力急剧上升，韩元在短短两个月之内贬值85％，股市价格急剧下降，实际利率大幅上升。出人意料的是，东亚经济奇迹的"领头羊"日本由于向亚洲国家投放了巨额贷款也于1997年11月出现金融机构大规模倒闭、股市暴跌、出口贸易受挫以及汇率大幅贬值，从而在亚洲引发了又一轮的金融市场动荡。在这次金融风暴中，俄罗斯、巴西、墨西哥以及其他一些拉美国家也受到了影响。俄罗斯在1997—1998年两年时间内三度爆发金融危机，卢布大幅贬值，金融、经济形势的恶化还引发了政局动荡。拉美国家虽然受亚洲金融危机影响同样损失惨重，但并未爆发全面金融危机。巴西外汇储备大幅减少、货币被迫贬值，股市也出现大幅下跌。受巴西货币贬值影响，墨西哥、秘鲁、阿根廷以及智利等国的股市也出现不同程度的下跌。同时，亚洲国家由于收入下降，货币贬值而外需减少，从而拉美国家在对亚洲的出口贸易也蒙受巨大损失。

（二）亚洲金融危机的传染机制

亚洲金融危机的影响范围之广、破坏力之强引起了研究者们的广泛关注，有关其传染机制的研究成果不断涌现。斯蒂格利茨（1998）指出，亚洲金融危机几乎验证了每个研究者的理论。亚洲金融危机的传染是多种渠道传染的综合作用结果。

1. 亚洲金融危机存在贸易溢出效应

亚洲金融危机期间，许多国家（地区）的进出口贸易遭受冲击。一方面，危机通过直接双边贸易传染。如表3-3所示，受危机传染的国家（地区）经济增长放缓，甚至出现负增长，国民收入下降以及货币的大幅贬值直接导致这些国家的进口需求减少，其相应的直接贸易伙伴国的出口就会减少。边立铭（1999）认为，由于俄罗斯对外贸易依存度较高，其进出口贸易在亚洲金融危机中遭受重创。安辉（2004）指出，由于亚洲国家经济萎缩，直接使对亚洲出口较多的智利、墨西哥、哥伦比亚、阿根廷等国的出口蒙受损失。

表 3 – 3　　　亚洲金融危机期间东南亚各国（地区）GDP 增长率　　　单位:%

年份	1996	1997	1998	1999
泰国	5.9	– 1.4	– 10.5	4.4
菲律宾	5.8	5.2	– 0.6	3.1
印度尼西亚	7.8	4.7	– 13.1	0.8
马来西亚	10.0	7.3	– 7.4	6.1
中国香港	4.3	5.1	– 5.9	2.5
中国台湾	5.5	5.5	3.5	6.0
韩国	7.2	5.8	– 5.7	10.7
日本	2.7	1.6	– 2.1	– 0.1

资料来源：笔者根据世界银行 WDI 数据库（http://data.worldbank.org/）计算。

另一方面，危机在东南亚各国（地区）之间的贸易溢出主要是通过间接多边贸易。由于东南亚国家（地区）产业结构十分相似，其出口商品可替代性较强，出口贸易对象国也大多集中在美国、日本等国家，东南亚各国（地区）在出口贸易上存在激烈的竞争关系。因此，当泰国受到投机性攻击货币率先贬值时，对其他国家（地区）的出口贸易造成冲击，这些国家（地区）货币竞争性贬值压力激增。部分学者认为，新加坡和中国台湾的货币贬值就是在竞争性贬值压力下的选择结果。然而，也有不少学者指出，竞争性贬值只是东南亚货币大幅贬值的原因之一，并不能完全充分地解释亚洲金融危机中各国汇率的剧烈动荡。

2. 亚洲金融危机的金融溢出效应十分显著

20 世纪 80 年代以来，随着东南亚国家（地区）经济起飞，金融市场开放程度也不断加深。大规模的国际资本流动在亚洲金融危机的爆发和传染中发挥着重要作用。在直接金融渠道方面，东南亚各国（地区）的货币大幅贬值、股市暴跌使在东南亚国家（地区）拥有直接投资、股份投资以及债权的国家蒙受巨大的损失，从而使这些国家受到危机的传染。日本、韩国等国家由于其在东南亚新兴经济国家（地区）进行了大量投资而遭受了打击，而它们从东南亚国家（地区）的大规模撤资又使这些国家的形势雪上加霜。而在间接金融渠道方面，亚洲金融危机的"共同债权人效应"十分显著，亚洲金融危机爆发之前，日本银行向泰国、印度尼西亚、马来西亚和韩国的贷款额超过总贷款额的50%。当泰国爆发金融危机之后，日本银行大规模收回在东南亚地区的贷款，从而导致危机向泰国以外的国家扩散。此外，欧洲银行和美国银行对东南亚国家（地区）的共同债权人身份对危机传染也起到了重要的推动作用。

3. 季风效应在亚洲金融危机的传染中扮演着重要角色

李小牧（2000）指出，美元/日元汇率的变动构成了对东南亚国家（地区）的共同冲击。亚洲金融危机爆发之前，东南亚国家（地区）为了维持汇率稳定，都将本币直接或间接地与美元挂钩，汇率制度僵化，这就导致这些国家（地区）的货币汇率随着美元汇率的波动而波动。20世纪80年代初，美元曾一度对西方主要货币大幅贬值，从而导致东南亚国家（地区）货币也对西方主要货币贬值，出口商品在国际市场上的竞争力大大提高，迅速打入国际市场。然而，1995年年初，美国经济开始复苏，美元自1995—1997年两年时间内大幅升值带动东南亚国家（地区）货币相应的同步升值。与此同时，日本经济持续低迷，日元对美元贬值，这些因素形成了对东南亚国家（地区）的共同冲击，这些国家汇率高估，出口商品的竞争力下降，外汇储备减少，投资者对这些国家（地区）的货币贬值预期加深。

4. 净传染效应在亚洲金融危机的传染中发挥着关键作用

很多研究者指出，虽然东南亚国家（地区）在进出口贸易和金融体系等方面都存在一定的脆弱性，但是，这些弱点并不必然导致危机的爆发和迅速地扩散，亚洲金融危机的影响程度之深、传染性之强、影响范围之广并不能完全由贸易溢出效应、金融溢出效应以及季风效应来解释，市场参与者的心理预期和信心的改变是关键的危机传染渠道。泰国爆发货币危机，货币大幅贬值，股市一跌再跌，引发了金融恐慌，市场参与者对与泰国相似的菲律宾、马来西亚以及印度尼西亚等国的心理预期发生改变，纷纷从这些国家恐慌性地撤离资金，导致危机向这些国家传染。1997年10月由于投资者对韩国丧失信心，韩国没有吸引到足够的新信贷而受到金融危机的影响。因为俄罗斯和巴西与东南亚国家（地区）在贸易和金融等方面的联系不是十分密切，因此，亚洲金融危机向这两个国家的传染机制一度成为研究者的研究热点。由于俄罗斯和巴西对东南亚国家（地区）的出口额占其总出口额的比重并不高，均低于5%，所以，这两个国家通过贸易渠道受危机传染的可能性非常小。巴西和俄罗斯与东南亚国家（地区）的直接金融联系也较为薄弱，而日本银行、美国银行和欧洲银行这种共同债权人在危机期间的信贷收缩也不能够完全解释危机向这两个国家的传染。在这种情形下净传染效应为亚洲金融危机向俄罗斯和巴西的传染提供了有力的支持。由于爆发危机的东南亚国家（地区）与俄罗斯和巴西具有某些相似的问题，例如，俄罗斯的巨额外债，巴西的经济过热等，那么投资者在发现这些问题之后就会改变对这些国家的心理预期，认为它们爆发危机的概率较高，从而大规模撤离资金。俄罗斯自1997年10月以来三次发生剧烈的金融震荡。而巴西在泰国危机爆发初期就由于与泰国相似而受到危机的冲击，损失较大。东南亚国家（地区）爆发的金融危机还使墨西哥以及整个拉美地区陷入金融恐慌。投资者对"墨西哥到底是不是另一个泰国"展开了讨论，虽然墨西哥已有准备，但还是受到亚洲金融危机的影响。

二　美国次贷危机

亚洲金融危机确立了以美国为主导的世界经济格局。在亚洲金融危机爆发之后的十年里，在全球经济一体化的背景下，世界各国联系愈加紧密，经济合作不断加强，世界经济持续增长。正当人们认为全球性金融危机已渐行渐远之时，2007年一场始于美国的金融风暴再次席卷全球。研究者认为，这场危机在破坏强度、持续时间、传染性以及影响范围等方面均超过了亚洲金融危机，是继20世纪30年代的"大萧条"以来最严重的危机。由于这场危机源于美国房地产行业的次级贷款，因此称为美国次贷危机，这场危机对全球经济产生了深远的影响，各国监管力度空前。

（一）美国次贷危机的爆发根源

美国次贷危机爆发后至今，研究者对美国次贷危机展开了热烈的讨论，由于研究者所处的背景不同从而对危机的关注点也不同，因此，研究者从不同的角度对美国次贷危机的爆发根源进行解释。本书认为，不当的刺激经济增长的宏观政策埋下了次贷危机的种子，而金融监管缺乏下的金融极度自由化导致金融创新过度，金融衍生品泛滥将房地产市场风险加倍地放大到整个金融系统，为大规模金融危机的爆发创造了条件。

1. 不当的刺激经济增长的宏观政策是次贷危机爆发的先导因素

美国抵押贷款市场根据借款人的信用条件划分为优级贷款市场、"ALT - A"贷款市场和次级贷款市场。其中，次级贷款市场的借款人信用等级较低，他们往往缺乏收入证明，个人信用记录较差，违约率较高。次级贷款市场的贷款利率较高，因此是一个高风险、高收益的市场。2000年年底，美国IT泡沫的破裂以及2001年"9·11"恐怖袭击事件的发生使得美国经济下滑。美联储为刺激美国经济增长从2001年起施行了宽松的货币政策连续13次降息。截至2004年6月，联邦基准利率降至46年来最低的1%，这样的超低利率一直持续到2004年6月（见图3-4）。

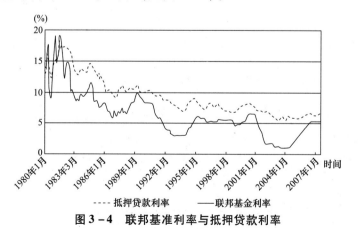

图3-4 联邦基准利率与抵押贷款利率

资料来源：美国联邦贮备委员会。转引自中国社会科学院经济学赴美考察团《美国次贷危机考察报告》。

在如此宽松的货币政策下，美元流动性严重过剩，房地产贷款利率也达到了低点。与此同时，在美国政府鼓励住房消费的政策下，房地产市场出现了大量的购房需求，很多信用等级较低的居民纷纷参与购房。金融机构出于盈利目的不顾风险向这些信用等级较差的客户发放贷款，次级抵押贷款业务迅速膨胀，美国房地产市场在出现了高度繁荣的同时也急剧地积累了大量风险。

美国人的高度购房热情促使房价不断上涨，繁荣的房地产市场拉动美国经济不断增长，美国国内通货膨胀压力激增。2004年6月，为抑制通货膨胀，美联储在两年内连续17次将联邦基准利率从1%提升到5.25%，次级抵押贷款的利率也大幅上升。利率的上升导致购房者还款压力增大，信用等级较低的次级抵押贷款者无力或不愿偿还贷款，到期未偿还率急剧上升（见图3－5）。违约率上升，房地产价格随之下降。房价下跌使次级贷款者更加不愿意偿还贷款，违约率进一步提高，从而形成恶性循环，金融机构坏账增加，形成次贷危机。

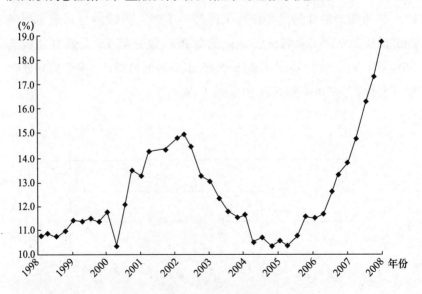

图3－5　美国次级贷款到期未偿还率

资料来源：美国抵押贷款银行家协会。转引自中国社会科学院经济学部赴美考察团《美国次贷危机考察报告》。

2. 金融衍生品泛滥将风险传递到整个金融系统，为大规模金融危机奠定基础

美国金融市场是世界上最发达、最核心的金融市场，华尔街各种金融机构聚集的大量数理人才使美国金融市场极具创新能力。在金融自由化的理念下，美国放松了对其金融市场的监管，各类金融机构在利益的驱使下不断地进行金融创新以实现利润最大化。种类繁多的金融产品以及金融衍生工具为美国经济发展做出了重要贡献，特别是次贷危机爆发之前，蓬勃发展的次级抵押贷款在美国经济增长中发挥着重要作用。然而，迅速膨胀的次级抵押贷款在促进金融市场繁荣，拉动经济发展的同时也积累了大量风险，这些风险通过信用链条向整个金融系统传递。在房地产蓬勃发展时期，发放住房抵押贷款的金融机构为了提高资金的流动性、分散经营风险，将以一部分流动性较差的抵押贷款资产为基础发行住房抵押贷款支持证券（Mortgage Backed Securities，MBS），这些金融机构依据借款者未来偿还贷款时所支付的本息向 MBS 的购买者支付本息。当房地产金融机构将这些证券在资本市场上出售给市场投资者之后，相关的风险自然就完全转移给 MBS 的市场投资者。在利益驱使下，美国的投资银行又以 MBS 为基础创新出抵押贷款权证（Collateral Debt Obligation，CDO）和信用违约互换（Credit Default Swap，CDS）以及其他金融衍生工具。这些金融产品设计复杂，信用链条长，涉及面广，从而成倍地放大了系统的金融风险。而本来应该站在中立角度的信用评级机构同样在利益的驱使下隐藏这些产品的巨大风险，对这些产品进行信用增级，从而使投资者丧失了风险意识，大量购买这些金融创新产品，导致风险被传递到全世界各地，为全球金融系统大规模爆发金融危机奠定基础。

"冰冻三尺非一日之寒"。2007 年 4 月，美国第二大抵押贷款公司——新世纪金融公司因没有头寸用于发放贷款出现财务危机而向法院申请破产保护为这场全球性金融危机拉开序幕。紧随其后，贝尔斯登、美林证券、雷曼兄弟以及高盛、花旗银行和美国银行等美

国知名金融机构相继出现破产或被迫转型，引发华尔街金融风暴。由于美国、欧洲以及亚洲等许多金融机构购买了大量次级抵押贷款为基础的金融投资产品，欧盟地区、澳大利亚、日本以及韩国相继爆出投资基金受损事件，次贷危机迅速向美国之外的国家（地区）扩散。次贷危机的升级引起全球投资者大量抛售以次级抵押贷款为基础的金融衍生产品，造成全球资本市场大幅下滑，资产价格缩水，金融市场流动性短缺。次贷危机使全球金融系统出现严重混乱的同时，对实体经济也造成了严重的负面冲击。美国国内失业率上升，居民收入下降，消费需求减少，零售业出现破产高潮。美国次贷危机同样使全球经济都出现了下滑的趋势，全球各国（地区）普遍出现失业率上升，居民消费需求减少，企业大量倒闭，市场信心不足，特别是欧洲地区将面临长期的经济衰退。

美国次贷危机期间发达国家、发展中国家和新兴经济体的贸易量也都出现萎缩。美国次贷危机使得长期以来对美贸易持有顺差的亚洲国家的出口贸易遭受重创，GDP增速下滑，经济增长放缓。其中，中国、印度、印度尼西亚、马来西亚、菲律宾、韩国以及泰国等亚洲新兴国家和地区的出口下降幅度最大，下滑速度也较快。韩国的进出口贸易在危机期间损失最大，从危机爆发前的贸易顺差迅速地转为持续贸易逆差。受美国次贷危机影响我国的出口贸易也出现了大幅下滑。美国次贷危机通过贸易渠道对拉美国家也产生了重要影响。一直以来农副产品和矿产品等初等产品的出口贸易对拉美国家的经济增长起着重要的拉动作用，这就导致拉美国家对国际市场特别是对美国市场的波动十分敏感。由于墨西哥与美国的贸易联系最为密切，对美出口份额超过80%，墨西哥的进出口贸易所遭受的冲击影响也最大，出口大幅下滑。墨西哥以出口为主导的企业大量停产和倒闭。而以出口石油、矿产为主的委内瑞拉、厄瓜多尔、巴西和智利以及以出口农副产品为主阿根廷等国家由于国际市场需求大幅下降，出口萎缩。

（二）美国次贷危机的传染机制

在经济全球化、金融自由化的背景下，美国是全球最发达、最重要的金融市场，美元在国际货币体系中占有特殊地位。源于美国的次贷危机迅速地通过贸易、金融、心理预期等渠道传播，并最终引发全球性金融危机。

1. 贸易溢出效应在美国次贷危机的国际传染中发挥着重要作用

一方面，危机通过间接多边贸易渠道进行传染。美国与欧盟的出口市场十分相似，它们的前十大出口贸易对象国中有 9 个是相同的，因此，美国和欧盟是激烈的贸易竞争对手。美国爆发次贷危机导致美元大幅贬值，这就增强了美国出口商品在国际市场上的竞争力，从而使欧盟的出口贸易蒙受损失，出口下滑，收入减少，经济环境恶化。欧盟国家为维持自身的出口贸易份额被迫选择货币贬值。2008 年美元与欧元出现竞争性贬值，次贷危机通过间接多边贸易传染至欧盟国家。除此之外，由于我国与东南亚国家（地区）在出口商品结构上存在相似性。危机期间，东南亚国家（地区）货币贬值，而人民币则持续升值，这极大地削弱了我国出口商品在国际市场上的竞争力，我国出口贸易遭受损失。

另一方面，美国次贷危机的贸易传染主要是通过直接双边贸易。危机爆发之前，美国对全球经济增长起着重要的带动作用，美国长期以来进出口贸易逆差，美国和欧盟地区等发达经济体是新兴经济体重要的出口对象。美国次贷危机使美国、欧盟地区等发达经济体失业率上升，国民收入下降，财富缩水，消费者心理预期发生改变，消费减少，从而进口需求减少，导致其贸易伙伴国的出口减少，收入下降，经济增长放缓。而美国和欧盟地区的贸易伙伴国的出口减少又会使得这些国家自身收入下降，从而对这些国家的贸易伙伴国出口贸易产生不利影响。此外，美国次贷危机爆发之后，随着危机的不断深化与扩散，贸易保护主义抬头。各国为缓解危机对国内经济的负面影响贸易保护措施显著增加，贸易保护形式更加隐蔽，手段更加多样化，这对危机的传染具有推动作用。

2. 在美国次贷危机的传染过程中，金融溢出效应起着关键作用

与以往的金融危机相比，美国次贷危机的金融溢出效应具有传染速度快，形式多样化等显著特征。在直接金融渠道方面，由于美元是世界上最有影响力的储备货币，很多国家都投资于美国的股权和债权，美国的债务规模十分庞大。截至 2008 年 6 月，全球持有的美国的股权和债权总额为 103240 亿美元，日本和中国分别成为美国的第一大和第二大债权国。① 美国爆发次贷危机之后，股市暴跌，美元贬值，使这些持有美国股权和债权的国家遭受巨大的损失。与此同时，美国爆发金融危机之后，国内市场迅速地从流动性过剩逆转为流动性短缺，美国为缓解国内市场的流动性短缺清算其在国际市场的资产，减少对新兴市场的直接投资与国外证券投资。美国从新兴市场大量撤离直接投资与证券投资导致这些国家经济发展所需资金不足，金融市场流动性下降，股市暴跌，经济增长放缓。而在间接金融渠道方面，危机通过"共同债权人效应"实现传染。次贷危机使跨国银行机构紧缩信贷，从而造成除美国之外的其他资金需求国的流动性不足，经济增长放缓。

3. 美国次贷危机传染的季风效应十分明显

20 世纪 90 年代以来，随着经济全球化程度的不断提高，世界各国（地区）的联系愈加紧密，经济波动具有同步性特征。主要发达国家尤其是美国的变动往往会对其他国家（地区）产生较大影响，甚至引发危机的爆发。20 世纪 90 年代，苏联的解体标志着"冷战"结束，美国成为世界上唯一的超级大国，长期以来，世界各国（地区）经济深受美国经济影响。"美国打喷嚏，世界都会感冒"的说法由来已久。美国次贷危机爆发之后，美元贬值，美国金融机构相继倒闭，股市暴跌，资产价格大幅下滑。随着危机在美国国内不断深化，美国实体经济增长放缓，失业率上升，居民收入减少。美国经济衰退对与美国在金融、贸易等方面联系密切的国家造

---

① 美国财政部统计数据库 http：//www. treasury. gov。

成了共同冲击，从而导致危机的传染。

4. 净传染效应在危机的传染中扮演着重要角色

亚洲金融危机之后，以美国为主导的世界经济格局使美国的经济模式一度成为众多国家学习的典范，这些国家与美国在经济基本面的相似程度越来越高。次贷危机爆发前，英国等国家同样存在大量房地产次级贷款、金融衍生品使用过度等风险。美国爆发危机之后，投资者对这些与美国相似的国家重新进行风险评估，心理预期改变，从而大量撤离资金，形成危机的传染。除此之外，美国次贷危机的爆发引发了投资者的金融恐慌心理，这种金融恐慌导致投资者的过度反应和极端盲从行为，加剧了金融动荡，对危机的国际传染起到了重要的推动作用。美国次贷危机初期，虽然美国国内形势不断恶化，但是，新兴国家并没有受到很大的影响。然而，2008年9月雷曼兄弟的破产严重打击了投资者的市场信心，从而使危机波及新兴国家。

本章小结

本章对金融危机传染机制进行系统的理论研究并在此基础上对使我国进出口贸易遭受重创的亚洲金融危机和美国次贷危机的爆发根源和传染机制进行研究，得到如下结论：

（1）金融危机通过贸易溢出效应的传染机制、金融溢出效应的传染机制、季风效应的传染机制和净传染效应的传染机制进行传染。在贸易溢出效应的传染机制中，收入、汇率以及贸易政策是影响贸易传染的重要因素；在金融溢出效应的传染机制中，由于各国（地区）之间的直接和间接金融联系而导致的国际资本流动是传染的重要机制；在季风效应的传染机制中，全球经济一体化扮演着重要角色；在净传染效应的传染机制中，市场参与者的预期是危机传染的关键。

（2）亚洲金融危机爆发的原因是：政府金融监管不力情况下的过度的国内投资与大量引入的外资为危机的爆发埋下了伏笔，加之僵化的汇率制度使美元升值造成的东南亚国家汇率高估最终导致了亚洲金融危机的爆发；而美国次贷危机爆发的原因是：不当的刺激经济增长的宏观政策种下了危机的种子，泛滥的金融衍生品在房地产市场的风险传递到整个金融系统，而利率的上升和房价的下跌直接导致了次贷危机的爆发；亚洲金融危机与美国次贷危机的传播扩散是贸易渠道传染、金融渠道传染、季风效应与净传染效应等多种传染机制共同作用的结果。

第四章　美国次贷危机对我国进出口贸易传染的实证研究 .

　　2007 年 4 月爆发于美国华尔街的次贷危机在短期内迅速地发展为系统性金融危机，并向全球其他国家（地区）扩散，最终引发世界性经济衰退。我国进出口贸易也在这场席卷全球的危机中蒙受巨大损失。进出口贸易对拉动我国经济增长、加强与世界各国联系起着重要的作用。2001 年 12 月 11 日我国正式成为世界贸易组织成员之后，我国进出口贸易得益于世界经济繁荣而飞速发展，进出口贸易规模持续快速增加，从而带动我国经济持续稳定增长。2002—2007 年美国次贷危机爆发之前，我国进出口贸易总额同比增速均保持在 20% 以上。然而，由于我国对外贸易依存度较高，对外需的过度依赖也导致我国进出口贸易抵御国际金融风险的能力不强，尤其是在国际金融危机爆发时，由外需下降引起的收入效应、由汇率波动导致的价格效应以及各国贸易保护主义下的政策效应将直接对我国的进出口贸易规模、结构等产生影响。2007 年爆发于美国的这场灾难性金融风暴使我国进出口贸易遭受重创。由于金融危机对进出口贸易的影响具有滞后效应，2008 年我国进出口贸易总额增速持续放缓，2008 年 11 月，我国进出口贸易总额出现了自 2001 年 6 月以来的首次同比负增长，并于 2009 年 3 月达到最低点。我国进出口贸易的大幅波动对我国经济持续稳定增长也造成了负面影响。美国次贷危机对我国进出口贸易的传染机制是什么？对我国进出口贸易的影响程度有多深，这其中的影响因素是什么？带着这样的疑问，本章对美国次贷危机对我国进出口贸易的传染展开实证研究。

第一节 我国对外贸易方式

第二次世界大战之后，全球贸易格局发生了新变化，贸易规模迅速扩张，进出口贸易产品结构不断调整，进出口贸易通过优化资源配置、技术进步、提高生产效率、增加消费者利益、扩大就业、加强与世界联系等途径对一国经济增长起着重要的积极作用。

改革开放后，我国进出口贸易政策从进口替代转变为出口导向，这一转变极大地促进了我国进出口贸易发展，特别是我国加入世界贸易组织之后，我国进出口贸易发展尤其迅猛，从2002年至美国次贷危机爆发前的2007年，我国进出口贸易的年同比增速均在20%左右。迅速发展的进出口贸易也带动了我国经济的增长。

表 4 - 1 1996—2007 年我国进出口贸易总额年增长率 单位:%

年份	1996	1997	1998	1999	2000	2001
增长率	3. 3	12. 0	- 0. 3	11. 4	31. 4	7. 6
年份	2002	2003	2004	2005	2006	2007
增长率	21. 7	37. 1	35. 6	23. 2	23. 8	23. 5

资料来源：笔者根据《中国统计年鉴》计算。

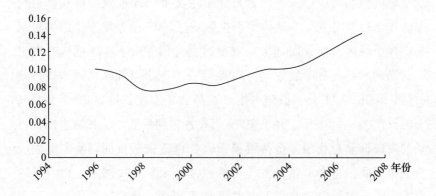

图 4 - 1 1994—2008 年我国 GDP 年增长率

　　我国对外贸易方式主要包括一般贸易、加工贸易以及国际组织间无偿捐献、保税仓库进出口境货物等其他贸易方式，其中一般贸易与加工贸易之和所占比重在90%左右。一般贸易是指我国境内拥有进出口经营权的公司企业单边将货物输入或输出关境的贸易方式，它是我国传统的贸易方式。加工贸易是指我国从工业化国家进口全部或部分原料、辅料以及中间产品，在我国境内加工装配为成品，然后从我国进行再出口的贸易方式，它是我国特有的参与国际分工的新型贸易方式。

　　从表4-2可以看出，改革开放初期，一般贸易是我国进出口贸易的主体，而我国加工贸易规模非常小，1981年仅为26.4亿美元，而同年一般贸易总额则为411.7亿美元。改革开放以来，"三来一补"的政策引进了大量的外商投资，从而带动了我国加工贸易的快速发展。1994年，我国加工贸易规模开始领先一般贸易，这种领先优势一直保持至2007年美国次贷危机爆发，加工贸易已成为我国重要的贸易方式，是我国参与国际分工的主要形式。飞速发展的进出口贸易为我国经济发展做出了重要贡献，"中国制造"取得了举世瞩目的经济成就。

表4-2　　　　　1981—2010年我国一般贸易与加工贸易

年度进出口总额　　　　　单位：亿美元

年份	一般贸易	加工贸易	年份	一般贸易	加工贸易	年份	一般贸易	加工贸易
1981	411.7	26.4	1991	676.6	574.6	2001	2253.4	2414.0
1982	411.3	3.3	1992	773.0	711.6	2002	2653.0	3021.3
1983	389.3	42.2	1993	812.5	806.2	2003	3696.9	4047.6
1984	470.1	60.8	1994	970.8	1045.5	2004	4917.5	5496.6
1985	610.2	76.0	1995	1147.4	1320.7	2005	5947.0	6904.8
1986	603.0	123.2	1996	1022.0	1466.0	2006	7492.7	8318.3
1987	584.2	191.9	1997	1170.0	1698.0	2007	9670.1	9860.4
1988	678.3	291.7	1998	1179.2	1730.5	2008	12349.6	10534.9
1989	671.7	369.5	1999	1461.8	1844.7	2009	10621.5	10506.3
1990	616.7	441.9	2000	2052.6	2302.1	2010	14887.1	14079.5

资料来源：笔者根据中经网数据库整理得到。

　　由于在一般贸易与加工贸易中，我国参与国际分工的方式不同，进出口产品类型不同，从而它们在技术溢出、规模经济、发挥和扩展一国比较优势以及促进产业结构升级等方面所起的作用也不同。国内一些研究者将一般贸易与加工贸易做比较，研究它们对我国经济影响的差异性，朱启荣等（2006）、孙楚仁等（2006）、孔庆峰等（2008）认为，加工贸易对经济增长的促进作用小于一般贸易。而李瑞琴（2010）则认为，加工贸易对我国经济增长的促进作用要强于一般贸易，但两者的差异并不是十分明显。由此可见，国内学者对一般贸易与加工贸易对我国经济影响的差异性还存在争论，因此，本章从贸易方式的视角对美国次贷危机对我国进出口贸易的传染进行了实证研究。

第二节　美国次贷危机对我国进出口
贸易的冲击影响

　　由于我国金融市场开放程度不是很高，我国的金融行业也没有参与大量的金融衍生品交易，我国金融行业受美国次贷危机的冲击影响不是很大，并未遇见美国、欧洲等经济体所遭受的困境。然而我国的贸易依存度较高，进出口贸易对我国经济增长起着重要的拉动作用，由美国次贷危机引起的全球经济衰退严重冲击了我国的进出口贸易，从而对我国国民经济形成了严峻的挑战。

　　美国次贷危机引起的全球经济衰退使美国、日本、欧盟、东盟、中国香港、中国台湾以及韩国等我国重要贸易伙伴的实体经济以及就业情况遭受了严重的负面冲击影响。这些国家（地区）失业率上升，居民收入减少，投资与消费信心遭受严重打击，从而对外部进口需求减少，而我国对这些国家（地区）的出口贸易总额超过全部出口贸易总额的70%，因此，我国的出口贸易遭受影响。此外，如图4-2所示，在2007—2010年美国次贷危机期间，人民币实际有效汇率大幅提升，削弱了我国出口产品在国际市场上的竞争力，从而对我国出口贸易产生影响。

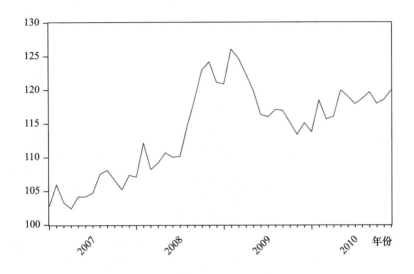

图 4 - 2　美国次贷危机期间人民币有效汇率指数变化情况

如图 4 - 3 所示，我国月度出口贸易总额在 2001 年年末我国加入世界贸易组织之后快速增长。2007 年美国次贷危机爆发之初，由于金融危机对一国进出口贸易的冲击影响具有滞后性，我国出口贸易并没有遭到很大的冲击，2006 年 1 月至 2008 年 9 月我国的月度出口贸易额平稳增长。然而，2008 年 9 月美国雷曼兄弟破产之后，美国次贷危机迅速蔓延至全球，我国出口贸易受全球经济衰退影响开始出现负增长，出口贸易同比增速从 2008 年 11 月开始到 2009 年 12 月，每月均为负值平均达到 -15% 左右。

表 4 - 3 显示了美国次贷危机期间我国与其重要贸易伙伴国（地区）之间的进出口贸易总额，我国各贸易伙伴在美国次贷危机期间对我国进出口贸易的影响各不相同。

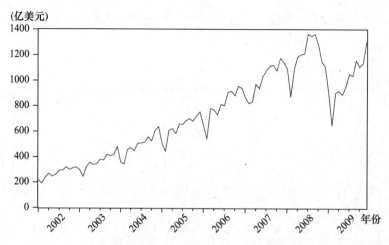

图4-3　美国次贷危机期间我国月度出口总额变化情况

表4-3　　　　　　　　美国次贷危机期间我国与重要贸易

伙伴国（地区）之间进出口贸易总额　　　单位：亿美元

年份	美国	日本	欧盟	东盟	中国香港	中国台湾	韩国	俄罗斯	澳大利亚	印度	加拿大
2007	3026	2360	3562	2026	1971	1244	1601	481	437	386	303
2008	3338	2669	4258	2311	2037	1292	1860	567	585	518	345
2009	2983	2289	3642	2127	1749	1062	1561	386	599	434	296
2010	3854	2979	4798	2927	2306	1453	2072	554	875	617	371

资料来源：BvD 数据库。

美国次贷危机对我国的贸易方式也产生了重要影响。我国进出口贸易主要由一般贸易和加工贸易构成，两者的贸易总额之和占进出口贸易总额的比重超过90%。图4-4显示了美国次贷危机期间我国一般贸易与加工贸易进口、出口总额的变动情况，其中，Y_1表示加工贸易进口额，Y_2表示加工贸易出口总额，Y_3表示一般贸易进口总额，Y_4表示一般贸易出口总额。从图4-4中可以看出，Y_1、Y_2、Y_3以及Y_4这四个经济变量的变动趋势大致相同。2008年年初，受美国次贷危机影响，这四个指标都呈现出明显的大幅下滑趋势，并先后在2009年达到谷底之后，于2010年相继开始缓慢回升。

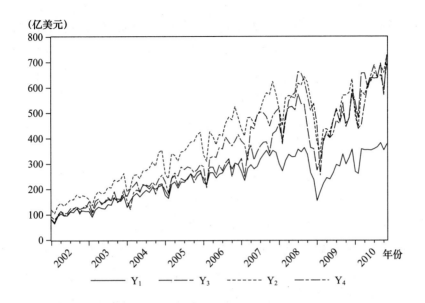

图 4 - 4　美国次贷危机期间我国一般贸易与加工贸易
进口、出口总额的变动情况

第三节　动态因子模型及其他
经济计量方法

本章首先利用动态因子模型提取出贸易方式视角下的美国次贷危机期间我国进出口贸易的总体变动趋势，其次利用向量自回归（VAR）模型、格兰杰因果检验、脉冲响应分析等经济计量方法来研究美国次贷危机对我国进出口贸易的传染。

一　动态因子模型

20 世纪以来，随着研究者对经济周期研究的不断深入，经济周期内许多宏观经济变量同步变动这一事实已经得到了普遍认可。斯托克和沃森基于这样的共识指出，经济变量所代表的真正的经济波动应该是去除趋势变动要素和季节变动要素后的平稳部分的变动，许多宏观经济变量平稳部分同步变动的背后存在一个共同因子，这个共同因子可以被一个潜在的、单一的、不可观测的变量来刻画，这个共同因子代表这些经济变量的共同变动趋势。因此，斯托克和沃森建立动态因子模型搜寻共同因子。动态因子模型是针对共同因子设计的随机模型，它主要利用状态空间模型和卡尔曼滤波来求解。

斯托克和沃森构建的模型形式如下：

$$Y_t = D + \gamma C_t + e_t \quad t = 1, 2, \cdots, T \tag{4-1}$$

式（4-1）中，Y_t 是 $k \times 1$ 维向量，$Y_t = (Y_{1t}, Y_{2t}, \cdots, Y_{kt})^T$，其中，$Y_{it}(i = 1, 2, \cdots, k)$ 表示第 i 个经济变量在 t 时期去除趋势变动要素和季节变动要素之后的平稳部分，Y_t 是可观测的。式（4-1）中的 C_t 表示 k 个经济变量在 t 时期的协同变动背后潜在的、单一的、不可观测的共同因子，C_t 是一个标量，我们令 $C = \{C_1, C_2, \cdots, C_T\}$，由于 C_1，C_2，$\cdots$，C_T 都是不可观测的，因此，我们必须通过模型计算对其进行推断。式（4-1）中的 γ 是 $k \times 1$ 维向量，$\gamma = (\gamma_1, \gamma_2, \cdots, \gamma_k)$，它表示 C_t 以不同的权重 γ_i 进入式（4-1）中的每个方程，$i = 1, 2, \cdots, k$。式（4-1）中的 D 是 $k \times 1$ 维向量，$D = (D_1, D_2, \cdots, D_k)$，$e_t$ 也是 $k \times 1$ 维向量，$e_t = (e_{1t}, e_{2t}, \cdots, e_{kt})$。$e_t$ 与 C_t 是相互独立的，它表示各个经济变量独立于 C_t 的随机变动。$D_i + e_{it}(i = 1, 2, \cdots, k)$ 表示各个经济变量的特定因子或者非系统成分。

斯托克和沃森将 C_t 和 e_t 看作随机过程，C_t 服从 AR(p) 过程，e_t 的每一个分量服从 AR(r) 过程，即：

$$C_t = \delta + \phi_1 C_{t-1} + \phi_2 C_{t-2} + \cdots + \phi_p C_{t-p} + \omega_t, \ \omega_t \sim i.i.dN(0, \sigma_\omega^2)$$
$$\tag{4-2}$$

$$e_{it} = \psi_{i1} e_{i,t-1} + \psi_{i2} e_{i,t-2} + \cdots + \psi_{ir} e_{i,t-r} + \varepsilon_{it}, \ \varepsilon_{it} \sim i.i.dN(0, \sigma_i^2),$$
$$i = 1, 2, \cdots, k \tag{4-3}$$

其中，C_t 是共同因子；$(1 - \phi_1 L - \cdots - \phi_p L^p) = 0$ 的根在单位圆外；$(1 - \psi_{i1} L - \cdots - \psi_{ir} L^r) = 0$ 的根在单位圆外，且所有的随机冲击假定为相互独立的。斯托克和沃森建议，为了避免动态因子模型在最大似然估计中出现参数的识别问题，将式（4-1）至式（4-3）中的模型写成均值离差形式，利用标准化后的 Y_t 数据来估计参数 γ、ϕ、θ、σ^2、G。此时，式（4-1）至式（4-3）写为：

$$Y_t = \gamma C_t + e_t \tag{4-4}$$

$$\phi(L) C_t = \delta + \omega_t$$

$$\theta(L) e_t = \varepsilon_t, \quad \varepsilon_t \sim N(0, \sigma^2 G)$$

这里

$$\phi(L) = 1 - \phi_1 L - \phi_2 L^2 - \cdots - \phi_p L^p$$

$$\theta(L) = I_k - \sum_{i=1}^{r} \Theta_i L^i = I_k - \Theta_1 L - \Theta_2 L^2 - \cdots - \Theta_r L^r$$

$$G = \mathrm{diag}(g_1, \cdots, g_k)$$

其中，$\Theta_i = \mathrm{diag}(\theta_{i1}, \cdots, \theta_{ik})$；$L$ 为滞后算子，$LC_t = C_{t-1}$，$Le_t = e_{t-1}$；$(1 - \phi_1 L - \phi_2 L^2 - \cdots - \phi_p L^p) = 0$ 的根在单位圆外；$(1 - \psi_{i1} L - \psi_{i2} L^2 - \cdots - \psi_{ir} L^r) = 0$ 的根在单位圆外；ω_t 与 ε_t 相互独立。

由于式（4-1）并不是通常的回归方程，作为解释变量的 C_t 是不可观测变量，必须对其进行估计。因此，需要把模型写成状态空间模型形式，利用卡尔曼（Kalman）滤波方法估计模型的参数。状态空间模型如下：

$$y_t = H\beta_t \tag{4-5}$$

$$\beta_t = F\beta_{t-1} + \nu_t, \nu_t \sim N(0_{p+kr}, \sigma^2 \textstyle\sum) \tag{4-6}$$

按照状态空间模型的术语，式（4-5）称为量测方程，式（4-6）称为状态方程，其中状态变量 β_t 及干扰项 ν_t 为：

$$\beta_t = \begin{pmatrix} C_t, \\ C_{t-1}, \\ \vdots \\ C_{t-p+1}, \\ e_t, \\ \vdots \\ e_{t-r+1} \end{pmatrix}, \qquad v_t = \begin{pmatrix} \omega_t, \\ 0, \\ \vdots \\ 0, \\ \varepsilon_t, \\ 0, \\ \vdots \\ 0, \end{pmatrix}$$

式中，β_t 和 ν_t 都是 $(p+kr) \times 1$ 维向量。

$$H = [\gamma, \ 0_{k,p-1}, \ I_k, \ 0_{k,k(r-1)}]$$

$\sum$ 为对角矩阵：

$$\sum = \mathrm{diag}[1, 0'_{p-1}, g_1, g_2, \cdots, g_{k-1}, g_k, 0'_{(k-1)r}]$$

$$F = \begin{pmatrix} \begin{array}{ccccc|c} \phi_1 & \phi_2 & \cdots & \phi_{p-1} & \phi_p & \\ 1 & 0 & \cdots & 0 & 0 & \\ 0 & 1 & \cdots & 0 & 0 & 0_{p,kr} \\ \vdots & \vdots & \ddots & \vdots & \vdots & \\ 0 & 0 & \cdots & 1 & 0 & \\ \hline & & & & & \begin{array}{ccccc} \Theta_1 & \Theta_2 & \cdots & \Theta_{r-1} & \Theta_r \\ I_k & 0_{k,k} & \cdots & 0_{k,k} & 0_{k,k} \\ 0_{k,k} & I_k & \cdots & 0_{k,k} & 0_{k,k} \\ \vdots & \vdots & \ddots & \vdots & \vdots \\ 0_{k,k} & 0_{k,k} & \cdots & I_k & 0_{k,k} \end{array} \\ & & 0_{kr,p} & & & \end{array} \end{pmatrix}$$

这里，I_k 表示 $k \times k$ 维单位矩阵；$0_{a,b}$ 表示 $a \times b$ 维零矩阵；0_a 表示 $a \times 1$ 维零向量。

斯托克和沃森的动态因子模型还可以进一步扩展为更加复杂的形式，即在式（4-4）中考虑 Y_t 不但受共同因子的现期值 C_t 的影响，还受 C_t 的前几期值的影响，因此就可以将 γ 从 $k \times 1$ 维向量扩展为 $k \times q$ 维矩阵：

$$\Gamma = (\gamma_1, \ \gamma_2, \ \cdots, \ \gamma_q)$$

这样，式（4-4）和式（4-5）中的矩阵就可以扩展为：

$$Y_t = \gamma_1 C_t + \gamma_2 C_{t-1} + \cdots + \gamma_q C_{t-q+1} + e_t \tag{4-7}$$

$$H = [\Gamma_{k,q}, \ 0_{k,p-q}, \ I_k, \ 0_{k,k(r-1)}]$$

此外，我们还可以考虑 γ、θ 的延迟结构对各个变量是互异的情形。

在动态因子模型中关于式（4－2）中 C_t 的滞后阶数 p、式（4－3）中 e_{it} 的滞后阶数 r 以及式（4－7）中的 q 的确定，可以采用如下方法：首先为组合（p，q，r）赋予各种不同的值，然后求得使对数似然函数值达到最大值时的参数估计值记为：

$$\eta^*(p,\ q,\ r) = (g_1,\ \cdots,\ g_k,\ \gamma_{11},\ \gamma_{21},\ \cdots,\ \gamma_{k1}, \gamma_{12},\ \cdots,\ \gamma_{kq},$$
$$\phi_1,\ \cdots,\ \phi_P,\ \theta_{11},\ \theta_{21},\ \cdots,\ \theta_{k1},\ \cdots,\ \theta_{kr})$$

以及相应的对数似然函数值 $\log L[\eta^*(p,\ q,\ r)]$，然后以 $\log L[\eta^*(p,\ q,\ r)]$ 为标准，我们通过似然比检验，AIC 准则（Akaike Information Criterion）和 BIC 准则（Baysinan Information Criterion）三者相结合来决定。

（1）似然比准则。对相同的 q 和 r，比较 ϕ 的延迟次数为 p－1 的模型和 ϕ 的延迟次数为 p 的模型。考虑假设 H_0：$\phi_p = 0$ 时的似然比统计量为：

$$LR = 2\{\log L[\eta^*(p,\ q,\ r)] - \log L[\eta^*(p-1,\ q,\ r)]\},$$

LR 在原假设 H_0 成立的条件下服从自由度为受限制参数的数目的 χ^2 分布。如果原假设不显著，即 $\phi_p = 0$ 的约束没有重要意义，ϕ 的延迟次数可由此确定为 p－1。类似地，γ 的延迟次数 q 和 θ 的延迟次数 r 也可以用同样的办法确定。

似然比检验仅适用于嵌套假设（Nested Hypotheses）。对于非嵌套假设的检验，例如（p，q，r）模型与（p－1，q，r＋1）模型的比较就不适用，对非嵌套假设使用 AIC 或 BIC 准则更加合适。

（2）AIC 准则。设向量 $\eta^*(p,\ q,\ r)$ 所包含的元素的数目为 n，则按照使统计量

$$AIC = -2\log L[\eta^*(p,\ q,\ r)] + 2n$$

最小化的准则选择（p，q，r）。

（3）BIC 准则。按照使统计量

$$BIC = -2\log L[\eta^*(p,\ q,\ r)] + n\log(nT)$$

最小化的准则选择（p，q，r）。

在确定了矩阵 F、β、$\sum$ 和延迟次数 p、q、r 的条件下，给定

β_t 和 P_t 的初值 β_0 和 P_0，利用卡尔曼滤波迭代的步骤计算 β_t（$t = 1$，…，T）。向量 β_t 的第一个元素就是共同因子 C_t（$t = 1$，…，T）。

二　平稳性检验

与横截面数据不同，经济时间序列不可以重复抽样，它只是一个随机事件的唯一一次发生的记录，例如，我国 1995—2010 年月度进出口总额就是随机事件的唯一一次实际发生历史记录，从经济角度看，这个过程是不可重复抽样的。那么通过我国进出口贸易过去已知的信息，例如，1995—2010 年，我国月度进出口贸易总额来了解我国进出口总额的某些数字特征，并以此为基础预测我国进出口总额的未来信息是不是可行的呢？为了解答这个问题，我们首先引入平稳时间序列的概念。如果时间序列 $\{u_t\}$ 的均值、方差和自协方差都不取决于时刻 t，那么这个时间序列 $\{u_t\}$ 就是弱平稳或协方差平稳的，即满足下面三个性质：

$E(u_t) = \mu$，对于所有的时刻 t；

$Var(u_t) = \sigma^2$，对于所有的时刻 t；

$Cov(u_t, u_{t-s}) = \gamma$，对于所有的时刻 t 和 s。

从上面的平稳时间序列的定义可以看出，如果这个时间序列是平稳的，那么这个时间序列的数字特征，如均值、方差以及协方差等是不随时间的变化而变化的，如两个观测值 u_t 与 u_{t-s} 之间协方差仅与这两个观测值之间的时间间隔长度 s 有关，而不依赖于这两个观测值的观测时间。因此，对于平稳的时间序列，可以通过对已知的过去的信息建立模型，进而预测未来的信息。然而，如果一个时间序列是非平稳的，那么这个时间序列在各个时间点上的随机规律是随着时间的变化而变化的，因此，它的某些数字特征也是随着时间的变化而变化的，我们不能通过已知的序列的过去信息来掌握这个时间序列的整体性质。而实践中的金融、经济数据，如前面提到的我国月度进出口贸易总额，往往都是非平稳的，这就要求我们在利用这些数据进行定量分析之前，首先进行序列的平稳性检验。

单位根检验是检验时间序列平稳性的标准方法，目前主要有六种单位根检验方法：ADF 检验、DFGLS 检验、PP 检验、KPSS 检验、ERS 检验以及 NP 检验。本书主要使用 ADF 检验（Augmented Dickey – Fuller Test）来检验序列的平稳性。

如果 y 存在 p 阶序列自相关，那么 ADF 检验通过在 y 的 p 阶自回归方程等式右边加入因变量 y_t 的滞后差分项来构建检验方程：

$$\Delta y_t = \eta y_{t-1} + \sum_{i=1}^{p-1} \beta_i \Delta y_{t-i} + \varepsilon_t \qquad (4-8)$$

$$\Delta y_t = \eta y_{t-1} + \mu + \sum_{i=1}^{p-1} \beta_i \Delta y_{t-i} + \varepsilon_t \qquad (4-9)$$

$$\Delta y_t = \eta y_{t-1} + \mu + \delta t + \sum_{i=1}^{p-1} \beta_i \Delta y_{t-i} + \varepsilon_t \qquad (4-10)$$

式（4-8）、式（4-9）以及式（4-10）中的 y_t 为 t 时刻变量的水平值；y_{t-1} 为 $t-1$ 时刻变量的水平值；Δy_t 是 t 时刻变量的一阶差分；δ 为时间趋势项 t 的系数；μ 为常数项；β_i 为变量在 $t-i$ 时刻的一阶差分项系数；ε_t 为随机扰动项。在进行 ADF 检验之前，首先要画出待检验时间序列的曲线图，通过观察图形来选择检验方程的具体形式，是带有常数项还是带有趋势项，因为检验统计量的渐近分布依赖于这些项的定义，因此选择哪种检验方程形式十分重要。

ADF 检验原假设为 H_0：$\eta = 0$，序列存在一个单位根；备择假设为：H_0：$\eta < 0$，序列不存在单位根。通过检验统计量来检验 η 的估计值 $\bar{\eta}$ 是否拒绝原假设。若拒绝原假设 H_0，意味着 y_t 序列不存在单位根，是平稳的。若不能拒绝原假设 H_0，意味着 y_t 序列不是平稳的，还应该检验 y_t 的高阶差分是不是平稳的，直至 H_0 被拒绝。

三　向量自回归模型

向量自回归模型（VAR）由西姆斯（C. A. Sims）于 1980 年引入经济学中，近年来受到研究者们越来越多的重视。与传统的以经济理论为基础的描述变量之间关系的结构性经济计量方法（如联立方程模型）不同，向量自回归（VAR）模型基于数据的统计性质，把系统中每一个内生变量作为所有内生变量滞后值的函数建立模型，从而将单变量自回归模型推广到多个事件序列变量的向量自回归模型。一个滞后阶数为 p 的 VAR(p) 模型的数学表达式如下：

$$y_t = \phi_1 y_{t-1} + \cdots + \phi_p y_{t-p} + Hx_t + \varepsilon_t, \quad t = 1, 2, \cdots, T \qquad (4-11)$$

式（4-11）中，y_t 是 $k \times 1$ 维的，它表示 t 时刻 k 个内生变量的列向量；x_t 是 $d \times 1$ 维的，它表示 t 时刻 d 个外生变量的列向量，p 是滞后阶数。而 ϕ_1，ϕ_2，$\cdots$，ϕ_p 均是 $k \times k$ 维矩阵，H 是 $k \times d$ 维矩阵，ϕ_1，ϕ_2，$\cdots$，ϕ_p 与 H 都是待估计的系数矩阵。ε_t 是 $k \times 1$ 维的，它表示 t 时刻扰动项的列向量，ε_t 的元素之间可以同期相关，但是，它们不与自己的滞后值相关，也不与等式右边的变量相关。ε_t 的协方差矩阵是一个正定矩阵。式（4-11）展开之后的具体形式是：

$$\begin{pmatrix} y_{1t} \\ y_{2t} \\ \vdots \\ y_{kt} \end{pmatrix} = \phi_1 \begin{pmatrix} y_{1t-1} \\ y_{2t-1} \\ \vdots \\ y_{kt-1} \end{pmatrix} + \cdots + \phi_p \begin{pmatrix} y_{1t-p} \\ y_{2t-p} \\ \vdots \\ y_{kt-p} \end{pmatrix} + H \begin{pmatrix} x_{1t} \\ x_{2t} \\ \vdots \\ x_{dt} \end{pmatrix} + \begin{pmatrix} \varepsilon_{1t} \\ \varepsilon_{2t} \\ \vdots \\ \varepsilon_{kt} \end{pmatrix}, \quad t = 1, 2, \cdots, T$$

$$(4-12)$$

从式（4-12）中可以看出，含有 k 个内生变量的 VAR(p) 模型由 k 个方程组成。由于 VAR(p) 模型的每个方程的解释变量只有内生变量的滞后值和外生变量，不存在同期相关性问题，因此，通过普通最小二乘法（OLS）就可以得到 VAR 模型参数的估计值。

VAR 模型在分析与预测多个相关经济变量的时间序列、分析随机扰动对整个系统的冲击等方面十分容易操作，它对各种经济冲击对经济变量造成的影响的解释能力十分强。

四　格兰杰因果检验

在经济变量中某些变量虽然显著相关，但是，这样的相关关系未必都是有意义的。例如，路旁小树的高度的年增长率与某个两岁儿童身高的年增长率可能存在着较强的正相关，但是，这样的相关关系似乎是毫无意义的。此外，即使某些变量之间存在有意义的相关关系，但是，这种相关关系也并不等于因果关系。判断一个变量的变化是否是另一个变量变化的原因是计量经济学中经常遇见的问题。克莱夫·W. J. 格兰杰（Clive W. J. Granger）最早于 1969 年提出了格兰杰因果检验来判断变量之间的因果关系。

格兰杰认为，判断变量 x 是否会引起变量 y 主要是看变量 x 的过去值在多大程度上能影响变量 y 现在的取值。如果变量 y 受变量 x 的滞后值的影响，那么就可以认为，"变量 x 是变量 y 的格兰杰原因"。

考虑一个二元 p 阶 VAR 模型：

$$\begin{pmatrix} y_t \\ x_t \end{pmatrix} = \begin{pmatrix} \phi_{10} \\ \phi_{20} \end{pmatrix} + \begin{pmatrix} \phi_{11}^{(1)} & \phi_{12}^{(1)} \\ \phi_{21}^{(1)} & \phi_{22}^{(1)} \end{pmatrix} \begin{pmatrix} y_{t-1} \\ x_{t-1} \end{pmatrix} + \begin{pmatrix} \phi_{11}^{(2)} & \phi_{12}^{(2)} \\ \phi_{21}^{(2)} & \phi_{22}^{(2)} \end{pmatrix} \begin{pmatrix} y_{t-2} \\ x_{t-2} \end{pmatrix} + \cdots +$$
$$\begin{pmatrix} \phi_{11}^{(p)} & \phi_{12}^{(p)} \\ \phi_{21}^{(p)} & \phi_{22}^{(p)} \end{pmatrix} \begin{pmatrix} y_{t-p} \\ x_{t-p} \end{pmatrix} + \begin{pmatrix} \varepsilon_{1t} \\ \varepsilon_{2t} \end{pmatrix} \qquad (4-13)$$

其中

$$\begin{pmatrix} \phi_{11}^{(i)} & \phi_{12}^{(i)} \\ \phi_{21}^{(i)} & \phi_{22}^{(i)} \end{pmatrix}, \ i = 1, \ 2, \ \cdots, \ p$$

是系数矩阵。那么当且仅当所有系数矩阵第一行第二列的系数 $\phi_{12}^{(i)}$（$i=1, 2, \cdots, p$）全部都是 0 时，变量 x 不是变量 y 的格兰杰原因。因此，格兰杰因果检验的原假设和备择假设分别是：

$$H_0: \phi_{12}^{(1)} = \phi_{12}^{(2)} = \cdots = \phi_{12}^{(p)} = 0 \qquad (4-14)$$

H_1：至少存在一个 i 使得 $\phi_{12}^{(i)} \neq 0$

显然，如果式（4-11）中的系数的估计值至少有一个是显著的，那么就可以拒绝原假设，认为变量 x 是变量 y 的格兰杰原因。

格兰杰因果检验的检验统计量为：

$$F = \frac{(RSS_0 - RSS_1)/p}{RSS_1/(T - 2p - 1)}$$

这个统计量服从 F(p, T-2p-1) 分布。其中，p 是滞后阶数，T 表示样本容量。RSS_1 表示式（4-13）中 y_t 为解释变量方程的残差平方和，RSS_0 表示 $\phi_{12}^{(1)} = \phi_{12}^{(2)} = \cdots = \phi_{12}^{(p)} = 0$ 时，即零假设成立时，即如下方程的残差平方和：

$$y_t = \phi_{10} + \phi_{11}^{(1)} y_{t-1} + \phi_{11}^{(2)} y_{t-2} + \cdots + \phi_{11}^{(p)} y_{t-p} + \varepsilon_{1t}$$

格兰杰因果检验的检验结果与滞后阶数 p 的选择密切相关。此外，进行格兰杰因果检验的时间序列必须是平稳的，否则容易出现伪回归问题。因此，在对时间序列进行格兰杰因果检验之前应该先对序列的平稳性进行单位根检验。

五 脉冲响应函数

脉冲响应函数（Impulse Response Function，IRF）是 VAR 模型框架下对模型受到某种冲击时系统的动态反应的分析方法。脉冲响应函数方法不是分析一个变量的变化对另一个变量的影响，而是分析当模型中一个误差项发生变化系统的动态反应。

下面我们给出脉冲响应函数的基本思想。为了叙述方便，我们考虑如下不含外生变量的 VAR(p) 模型：

$$y_t = \phi_1 y_{t-1} + \cdots + \phi_p y_{t-p} + \varepsilon_t \text{ 或 } \phi(L)y_t = \varepsilon_t \qquad (4-15)$$

其中，ϕ_i（$i = 1, 2, \cdots, p$）表示系数矩阵。如果行列式 $\det[\phi(L)]$ 的根都在单位圆外，那么式（4-15）就满足平稳性条件，我们可以将式（4-13）表示成一个无穷阶的向量移动平均过程 [Vecotr Moving Average，VMA（∞）]：

$$y_t = \phi(L)^{-1}\varepsilon_t = (I - \phi_1 L - \phi_2 L^2 - \cdots - \phi_p L^p)^{-1}\varepsilon_t$$
$$= A(L)\varepsilon_t = (I + A_1 L + A_2 L^2 + \cdots +)\varepsilon_t, \ t = 1, 2, \cdots, T$$
$$(4-16)$$

由于 $\phi(L)A(L) = I$，当 VAR(p) 模型的参数估计出来之后，相应的 VMA(∞) 模型的参数也可以估计出来。

由式（4-14）中的 VMA(∞) 的表达式

$$y_t = (I + A_1 L + A_2 L^2 + \cdots + A_T L^T)\varepsilon_t, \qquad t = 1, 2, \cdots, T$$

可知 y_t 的第 i 个变量 y_{it} 可以写成：

$$y_{it} = \sum_{j=1}^{k} (a_{ij}^{(0)}\varepsilon_{jt} + a_{ij}^{(1)}\varepsilon_{jt-1} + a_{ij}^{(2)}\varepsilon_{jt-2} + a_{ij}^{(3)}\varepsilon_{jt-3} + \cdots + a_{jt-T}^{(T)}), t = 1, 2, \cdots, T$$
$$(4-17)$$

其中，k 是 y_t 包含的变量的个数。

式（4-17）的含义是：在 t 时刻，第 j 个变量的扰动项 ε_j 从过去无限远到现在时刻 t 对第 i 个变量 y_t 的影响的总和，因此可以看出脉冲响应函数方法不是分析一个变量的变化对另一个变量的影响，而是分析当模型中一个变量的扰动项发生变化，其他变量的动态反应。

第四节　基于动态因子模型的美国次贷危机对我国进出口贸易传染研究

依据第三章的金融危机传染理论，金融危机对一国进出口贸易的传染主要体现在收入效应、价格效应和政策效应三个方面。首先，危机发生国失业率上升，居民可支配收入下降，心理预期发生改变，从而消费行为发生改变，影响其贸易伙伴国的进出口贸易，即前文所述的收入效应。其次，危机发生国货币大幅贬值，使该国进出口商品在国际市场上的相对价格发生改变，一方面其贸易伙伴国出口商品相对价格提高，进口商品价格相对下降，从而出口下滑，进口增加；另一方面危机发生国出口商品竞争力提高，对其贸易竞争国的出口贸易造成冲击，即前文所述的价格效应。最后，各国为减轻金融危机对本国造成的影响，贸易保护主义抬头，即前文所述的政策效应。虽然我国进出口贸易在美国次贷危机中遭受多方面冲击，但是，短期内造成贸易规模大幅下滑的主要是收入效应和价格效应，因此，本章主要针对收入效应和价格效应进行定量分析。

鉴于一般贸易和加工贸易自身不同的特点，对我国经济的差异性影响以及对金融危机的不同反映和抵抗能力，本书从贸易方式的研究视角，选取加工贸易进口总额 Y_1、加工贸易出口总额 Y_2、一般贸易进口总额 Y_3 和一般贸易出口总额 Y_4 四个变量的月度数据建立动态因子模型。

自我国 2001 年 12 月加入世界贸易组织以来，我国与世界经济联系愈加紧密，进出口贸易规模、产品结构和外部环境都发生了巨大变化，本章的样本数据区间选取为 2002 年 1 月至 2010 年 12 月。

本书首先对 Y_1、Y_2、Y_3 和 Y_4 四个序列应用 Eviews 软件施行 X－11
季节调整，去掉季节变动要素和不规则变动要素，季节调整之后的
四个时间序列趋势如图 4－5 所示。

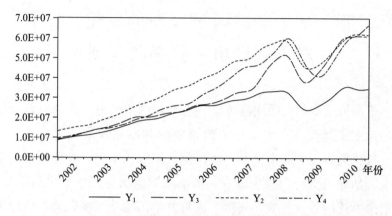

图 4－5　季节调整后的时间序列

如图 4－5 所示，虽然在 2002—2010 年 Y_1、Y_2、Y_3 和 Y_4 四个
序列的波动有各自的特点，但是，总体上看，它们的波动趋势大致
相同，都从 2002 年开始持续快速增长，于 2008 年开始受美国次贷
危机影响大幅下滑，并先后在 2009 年跌至谷底之后回升。另外，由
于斯托克和沃森强调经济变量所代表的真正的经济波动应该是去掉
趋势变动要素之后的平稳部分的变动，我们对季节调整后的数据进
行 ADF 单位根检验，检验结果如表 4－4 所示。

表 4－4　　　　　　　　　四个序列单位根检验结果

序列	t 统计量	P 值	序列	t 统计量	P 值
Y_1	－1.454437	0.5526	$\Delta(\ln Y_1)$	－2.362772	0.0182
Y_2	－1.624459	0.4664	$\Delta(\ln Y_2)$	－1.720684	0.0808
Y_3	1.523092	0.9993	$\Delta(\ln Y_3)$	－1.983457	0.0457
Y_4	－0.616953	0.8611	$\Delta(\ln Y_4)$	－2.953119	0.0035

如表 4－4 所示，4 个时间序列的水平值的 ADF 单位根检验结果

表明 Y_1、Y_2、Y_3 和 Y_4 都不能拒绝存在单位根的原假设，它们都包含单位根，而这 4 个序列的一阶对数差分在 10% 的显著性水平下可以拒绝存在单位根的原假设，可以认为这 4 个序列的一阶对数差分序列是平稳的。因此，本书考虑利用 4 个变量的一阶对数差分数据建立动态因子模型。关于动态因子模型中 C_t 的自回归方程的滞后阶数 p、e_{it} 的自回归方程的滞后阶数 r 以及 Y_t 方程中的 C_t 滞后阶数 q 的确定，本书综合考虑了 *AIC* 准则和 *BIC* 准则以及模型计算的复杂程度，最终确定 p = 2、r = 2、q = 1。从图 4 - 5 中可以看出，一般出口贸易总额相对于其他 3 个变量，稍微有些滞后，因此，本书的动态因子模型形式设定为：

$$\begin{cases} \Delta \ln Y_{1t} = D_1 + \gamma_1 \Delta C_t + e_{1t} \\ \Delta \ln Y_{2t} = D_2 + \gamma_2 \Delta C_t + e_{2t} \\ \Delta \ln Y_{3t} = D_3 + \gamma_3 \Delta C_t + e_{3t} \\ \Delta \ln Y_{4t} = D_4 + \gamma_{40} \Delta C_t + \gamma_{41} \Delta C_{t-1} + \gamma_{42} \Delta C_{t-2} + \gamma_{43} \Delta C_{t-3} + e_{4t} \end{cases}$$

$$(4-18)$$

$$\Delta C_t - \delta = \varphi_1 (\Delta C_{t-1} - \delta) + \varphi_2 (\Delta C_{t-2} - \delta) + \omega_t, \ \omega_t \sim i.\,i.\,dN(0, \ \sigma_\omega^2)$$

$$(4-19)$$

$$e_{it} = \psi_{i1} e_{i,t-1} + \psi_{i2} e_{i,t-2} + \varepsilon_{it}, \ \varepsilon_{it} \sim i.\,i.\,dN(0, \ \sigma_i^2), \ i = 1, 2, \cdots, 4$$

$$(4-20)$$

其中，$\Delta \ln Y_{it}$ 表示第 i 个变量的一阶对数差分；ΔC_t 表示 4 个序列 $\Delta \ln Y_{it}$（i = 1，2，3，4）的协同变动因素，即共同因子；δ 为 ΔC_t（t = 1，2，…，T）的均值；σ_ω^2 为了标准化 ΔC_t 而设定为 1；$(1 - \varphi_1 L - \varphi_2 L^2) = 0$ 的根在单位圆外；$(1 - \psi_{i1} L - \psi_{i2} L^2) = 0$ 的根在单位圆外，L 为滞后算子；模型的冲击 ω_t 与 ε_t 被假设为相互独立。

斯托克和沃森强调，为了避免上面的模型在最大似然估计中出现识别问题，需要将其写成均值离差形式，因此，本书将上述式（4 - 18）至式（4 - 20）中的模型改写为如下均值离差形式：

$$\begin{cases} \Delta y_{1t} = \gamma_1 \Delta c_t + e_{1t} \\ \Delta y_{2t} = \gamma_2 \Delta c_t + e_{2t} \\ \Delta y_{3t} = \gamma_3 \Delta c_t + e_{3t} \\ \Delta y_{4t} = \gamma_{40} \Delta c_t + \gamma_{41} c_{t-1} + \gamma_{42} c_{t-2} + \gamma_{43} c_{t-3} + e_{4t} \end{cases} \quad (4-21)$$

$$\Delta c_t = \varphi_1 \Delta c_{t-1} + \varphi_2 \Delta c_{t-2} + \omega_t, \quad \omega_t \sim i.i.dN(0, 1) \quad (4-22)$$

$$e_{it} = \psi_{i1} e_{i,t-1} + \psi_{i2} e_{i,t-2} + \varepsilon_{it}, \quad \varepsilon_{it} \sim i.i.dN(0, \sigma_i^2), \quad i = 1, 2, \cdots, 4$$
$$(4-23)$$

其中，$\Delta y_{it} = \Delta \ln Y_{it} - \Delta \overline{\ln Y_i}$，$\Delta c_t = \Delta C_t - \delta$。

由于式(4-21)至式(4-23)模型中的 Δc_t 是不可观测的，不能采用通常的回归方程式来估计参数，因此，本书将式(4-21)至式(4-23)中的模型表示成下面的状态空间模型形式，并利用递推的卡尔曼滤波进行模型参数的最大似然估计。

量测方程的具体形式为：

$$\begin{pmatrix} \Delta y_{1t} \\ \Delta y_{2t} \\ \Delta y_{3t} \\ \Delta y_{4t} \end{pmatrix} = \begin{pmatrix} \gamma_1 & 0 & 0 & 0 & 1 & 0 & 0 & 0 & 0 & 0 & 0 & 0 \\ \gamma_2 & 0 & 0 & 0 & 0 & 0 & 1 & 0 & 0 & 0 & 0 & 0 \\ \gamma_3 & 0 & 0 & 0 & 0 & 0 & 0 & 0 & 1 & 0 & 0 & 0 \\ \gamma_{40} & \gamma_{41} & \gamma_{42} & \gamma_{43} & 0 & 0 & 0 & 0 & 0 & 0 & 1 & 0 \end{pmatrix} \begin{pmatrix} \Delta c_t \\ \Delta c_{t-1} \\ \Delta c_{t-2} \\ \Delta c_{t-3} \\ e_{1t} \\ e_{1,t-1} \\ e_{2t} \\ e_{2,t-1} \\ e_{3t} \\ e_{3,t-1} \\ e_{4t} \\ e_{4,t-1} \end{pmatrix}$$

矩阵形式记作：

$$\Delta y_t = H\beta_t \quad (4-24)$$

状态方程的具体形式为：

$$\begin{pmatrix} \Delta c_t \\ \Delta c_{t-1} \\ \Delta c_{t-2} \\ \Delta c_{t-3} \\ e_{1t} \\ e_{1,t-1} \\ e_{2t} \\ e_{2,t-1} \\ e_{3t} \\ e_{3,t-1} \\ e_{4t} \\ e_{4,t-1} \end{pmatrix} = \begin{pmatrix} \varphi_1 & \varphi_2 & 0 & 0 & 0 & 0 & \cdots & 0 & 0 \\ 1 & 0 & 0 & 0 & 0 & 0 & \cdots & 0 & 0 \\ 0 & 1 & 0 & 0 & 0 & 0 & \cdots & 0 & 0 \\ 0 & 0 & 1 & 0 & 0 & 0 & \cdots & 0 & 0 \\ 0 & 0 & 0 & 0 & \psi_{11} & \psi_{12} & \cdots & 0 & 0 \\ 0 & 0 & 0 & 0 & 1 & 0 & \cdots & 0 & 0 \\ \cdots & \cdots & \cdots & \cdots & \cdots & \cdots & \cdots & \cdots & \cdots \\ 0 & 0 & 0 & 0 & 0 & 0 & \cdots & \psi_{41} & \psi_{42} \\ 0 & 0 & 0 & 0 & 0 & 0 & \cdots & 1 & 0 \end{pmatrix} \begin{pmatrix} \Delta c_{t-1} \\ \Delta c_{t-2} \\ \Delta c_{t-3} \\ \Delta c_{t-4} \\ e_{1,t-1} \\ e_{1,t-2} \\ e_{2,t-1} \\ e_{2,t-2} \\ e_{3,t-1} \\ e_{3,t-2} \\ e_{4,t-1} \\ e_{4,t-2} \end{pmatrix} + \begin{pmatrix} \omega_t \\ 0 \\ 0 \\ 0 \\ \varepsilon_{1t} \\ 0 \\ \varepsilon_{2t} \\ 0 \\ \varepsilon_{3t} \\ 0 \\ \varepsilon_{4t} \\ 0 \end{pmatrix}$$

矩阵形式记作：

$$\beta_t = F\beta_{t-1} + v_t \tag{4-25}$$

一旦给出模型的状态空间形式（4-24）以及式（4-25），基于预测误差分解，卡尔曼滤波很容易得到模型参数的最大似然估计（模型参数的估计结果详见表4-5），给定参数的估计值，再次运行卡尔曼滤波就可以得到 β_t，而 β_t 的第一个元素就是 Δc_t。

从表4-5中可以看出，本书针对2002年1月至2010年12月加工贸易进口总额 Y_1、加工贸易出口总额 Y_2、一般贸易进口总额 Y_3 和一般贸易出口总额 $Y_4$4 个序列的样本数据建立的动态因子模型的参数估计结果较好。共同因子 Δc_t 以不同的权重进入式（4-21）中的4个方程。相比较而言，一般贸易出口受 Δc_t 影响较小（$\gamma_1 = 0.1426$，$\gamma_2 = 0.1285$，$\gamma_3 = 0.1463$，$\gamma_{40} = 0.0648$），这与一般贸易抵抗金融风险能力较强，加工贸易比一般贸易更易于受到金融危机冲击的观点相吻合。

在得到模型参数的估计值之后，本书通过斯托克和沃森给出的

方法得到 C_t 的一阶差分的均值估计值 $\hat{\delta}$。给出任意的初值 C_0，利用沃森式（4-26）计算共同因子 C_t：

$$C_t = C_{t-1} + \Delta c_t + \hat{\delta} \tag{4-26}$$

表4-5　　　　　　　　　　动态因子模型参数估计结果

变量	参数	估计值	变量	参数	估计值
Δc_t	φ_1	1.7375（0.0562）		γ_3	0.1463（0.0151）
	φ_2	-0.7548（0.0488）	Δy_{3t}	ψ_{31}	1.7219（0.0648）
Δy_{1t}	γ_1	0.1426（0.0123）		ψ_{32}	-0.7412（0.0558）
	ψ_{11}	1.6713（0.0794）		σ_3^2	0.0116（0.0020）
	ψ_{12}	-0.6983（0.0663）		γ_{40}	0.0648（0.0197）
	σ_1^2	0.0044（0.0013）		γ_{41}	0.0236（0.0228）
Δy_{2t}	γ_2	0.1285（0.0121）		γ_{42}	-0.0100（0.0216）
	ψ_{21}	1.6274（0.0777）	Δy_{4t}	γ_{43}	0.0267（0.0189）
	ψ_{22}	-0.6621（0.0632）		ψ_{41}	1.6731（0.0663）
	σ_2^2	0.0062（0.0013）		ψ_{42}	-0.6998（0.0555）
				σ_4^2	0.0154（0.0022）
对数似然函数值			277.8656		

注：括号内数值为参数估计值的标准差。

　　图4-6和图4-7分别给出了代表 Y_1、Y_2、Y_3 和 Y_4 协同变动的共同因子和它们提取共同因子之后保留的特定因子。如图4-6所示，动态因子模型提取出的共同因子良好地刻画了2002年1月至2010年12月期间我国进出口贸易的活动状态：我国加入世界贸易组织之后，我国与世界经济的联系日益紧密，因此，2002—2007年，代表我国进出口贸易总体波动情况的共同因子呈现出快速大幅增长的态势。然而，2008年，受美国次贷危机影响，共同因子出现大幅下滑并于2009年跌至谷底，此后共同因子增速虽有回升，但是，始终未能恢复到危机前的水平。

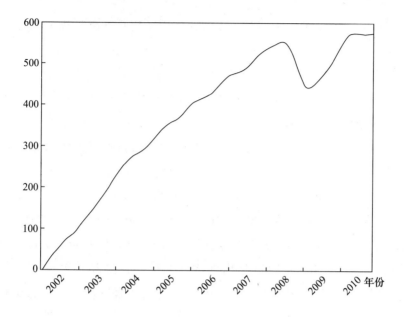

图 4 - 6　共同因子

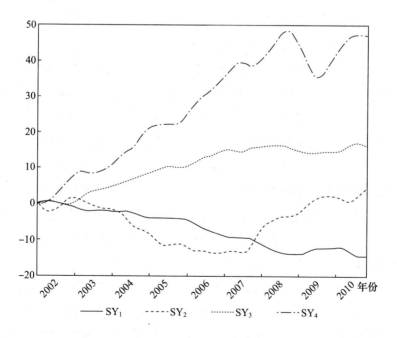

图 4 - 7　特定因子

本书将 Y_1、Y_2、Y_3 和 Y_4 提取共同因子之后所保留下来的序列记作 SY_1、SY_2、SY_3 和 SY_4，它们分别代表 Y_1、Y_2、Y_3 和 Y_4 不受共同因子影响的非系统因子或称特定因子。如图 4 – 7 所示，SY_1、SY_2、SY_3 和 SY_4 在 2002 年 1 月至 2010 年 12 月期间的波动情况各自有不同的特点。首先，加工贸易进口总额的特定因子 SY_1 自从 2002 年开始一直在缓慢下降，在 2008 年金融危机期间下降幅度稍微增大，2009 年开始出现缓慢回升，但在大体上并未改变下降趋势；加工贸易出口额的特定因子 SY_2 在 2002—2007 年期间始终呈现出缓慢上升的态势，在 2008 年年末开始出现小幅下降并于 2010 年回升；一般贸易进口总额的特定因子 SY_3 在 2002 年开始就出现小幅波动，之后在 2004—2007 年出现持续下滑，而在 2007 年美国次贷危机爆发一开始，SY_3 不但没有持续下降，反而呈现出明显的在波动中大幅上升的趋势；一般贸易出口额的特定因子 SY_4 的波动状态与共同因子相似，在 2002—2007 年期间在波动中快速大幅增长，在 2008 年美国次贷危机不断深化和扩散期间出现大幅下滑，在 2009 年中期跌至谷底之后缓慢回升。

总的来说，在美国次贷危机期间，一般贸易进口总额的特定因子 SY_3 和加工贸易进口总额的特定因子 SY_1 都或多或少地呈现出上升的态势，这可能是因为金融危机期间人民币有效汇率的大幅升值使以本币表示的国外进口产品和成本价格下降，从而使我国一般贸易与加工贸易的进口额上升。而一般贸易出口总额的特定因子 SY_4 和加工贸易出口总额的特定因子 SY_2 在美国次贷危机期间都或多或少地呈现出下降的态势，这可能是因为金融危机期间人民币有效汇率大幅升值，而以外币表示的我国出口产品的价格上升，加之受金融危机影响国外需求下降，从而引起我国一般贸易与加工贸易的出口额下降。而与一般贸易进口、出口的特定因子 SY_3 和 SY_4 相比较，加工贸易进口、出口总额的特定因子 SY_1 和 SY_2 在金融危机期间波动的幅度不是太大，这可能是因为加工贸易具有"两头在外，大进大出"的特点，加工贸易进口的中间投入品有相当大一部分会用于再出口，因此金融危机期间加工贸易进口、出口的波动会相互抵消一部分，从而相对于一般贸易波动幅度较小。

为了有效地对美国次贷危机对我国进出口贸易传染的收入效应与价格效应进行分析，本书选取我国前三大贸易伙伴美国、日本和欧盟进行分析，指标选择 GDP 数据（均以美元为单位）、直接标价法的美元/人民币汇率以及从 Y_1、Y_2、Y_3 和 Y_4 中提取出的共同因子。本书首先利用格兰杰因果检验考察它们之间的因果关系，然后通过建立 VAR 模型考察它们之间的交互作用，并在此基础上进行脉冲响应分析。此外，本书还利用格兰杰因果检验考察了我国贸易伙伴国 GDP 以及美元/人民币汇率对 Y_1、Y_2、Y_3 和 Y_4 提取共同因子后的保留的特定因子的影响进行考察。

由于美国、日本和欧盟的 GDP 只有季度数据，本书利用线性差值法将其转换成月度数据并进行季节调整。鉴于格兰杰因果检验要求数据是平稳的，因此，所有数据在进行格兰杰因果检验之前都进行了 ADF 单位根检验，检验结果如表 4-6 所示。

表 4-6　　　　　　　　　　单位根检验结果

序列	t 统计量	P 值	序列	t 统计量	P 值
EXCH	0.247785	0.9744	ΔEXCH	-3.469535	0.0107 **
USGDP	-1.744403	0.4060	ΔlnUSGDP	-3.596003	0.0074 **
JPGDP	-1.735651	0.4103	ΔlnJPGDP	-3.878785	0.0031 **
EUGDP	-1.538302	0.5102	ΔlnEUGDP	-3.021576	0.0363 **

注：** 表示 5% 的显著性水平。

如表 4-6 所示，美国 GDP（USGDP）、日本 GDP（JPGDP）、欧盟 GDP（EUGDP）以及美元/人民币汇率（EXCH）的水平值都不能拒绝含有单位根的原假设，而汇率的一阶差分 ΔEXCH 以及三个贸易伙伴国 GDP 的一阶对数差分 ΔlnUSGDP、ΔlnJPGDP 以及 ΔlnEUGDP 在 5% 的显著性水平上都可以拒绝含有单位根的原假设，它们是平稳的。

从表 4 - 7 的格兰杰因果检验结果可以看出，在 5% 的显著性水平上美元/人民币汇率与共同因子之间存在着单向格兰杰因果关系，即汇率是共同因子的格兰杰原因，而共同因子不是汇率的格兰杰原因。共同因子分别与美国 GDP、日本 GDP 以及欧盟 GDP 存在着双向格兰杰因果关系。表 4 - 7 的检验结果表明，美国次贷危机对我国进出口贸易传染的收入效应与价格效应是存在的，我国进出口贸易的共同因子在受美国 GDP、日本 GDP 以及欧盟 GDP 三者冲击影响的同时也对它们三者产生影响。

表 4 - 7　　　　　　　　共同因子格兰杰因果关系检验结果

格兰杰因果检验的原假设	F 统计量	P 值
共同因子不是汇率的格兰杰原因	0. 35845	0. 9822
汇率不是共同因子的格兰杰原因	6. 106426	0. 0472 **
共同因子不是美国 GDP 的格兰杰原因	15. 28575	0. 0005 **
美国 GDP 不是共同因子的格兰杰原因	6. 209313	0. 0448 **
共同因子不是日本 GDP 的格兰杰原因	90. 42408	0. 0000 **
日本 GDP 不是共同因子的格兰杰原因	15. 07203	0. 0005 **
共同因子不是欧盟 GDP 的格兰杰原因	37. 43086	0. 0000 **
欧盟 GDP 不是共同因子的格兰杰原因	22. 71523	0. 0000 **

注：** 表示 5% 的显著性水平。

为了深入研究美国次贷危机对我国进出口贸易的冲击影响，本书选取我国进出口贸易变动的共同因子、美国 GDP、日本 GDP、欧盟 GDP 以及美元/人民币汇率等指标建立 VAR 模型，考察它们之间的交互作用。由于斯托克和沃森强调经济变量所代表的真正的经济波动应该是去掉趋势变动要素之后的平稳部分的变动，本书利用汇率的一阶差分以及三个贸易伙伴国 GDP 的一阶对数差分之后的平稳数据建立 VAR 模型。对于 VAR 模型的滞后阶数的确定，本书综合考虑 AIC 与 SC 准则以及模型的复杂程度将滞后阶数定为 2。VAR 模型参数估计结果如表 4 - 8 所示。

表 4 - 8   VAR 模型参数估计结果

变量	ΔC_t	$\Delta \ln USGDP_t$	$\Delta \ln EUGDP_t$	$\Delta \ln JPGDP_t$	$\Delta EXCH_t$
ΔC_{t-1}	1.898069	0.000110	7.98E-05	0.000168	0.000459
	(41.5755)	(4.06557)	(3.38607)	(2.50242)	(0.33364)
ΔC_{t-2}	-1.050049	-7.99E-05	-6.30E-05	-4.88E-06	7.65E-05
	(-21.2107)	(-2.72129)	(-2.46431)	(-0.06695)	(0.05128)
$\Delta \ln USGDP_{t-1}$	50.64539	1.471952	0.069311	-0.083462	-5.745650
	(0.44879)	(22.0008)	(1.18962)	(-0.50251)	(-1.69018)
$\Delta \ln USGDP_{t-2}$	6.368133	-0.761523	0.065979	0.192341	6.314222
	(0.05669)	(-11.4348)	(1.13768)	(1.6341)	(1.86602)
$\Delta \ln EUGDP_{t-1}$	-165.4287	-0.025370	1.540517	0.391613	-1.612736
	(-1.22245)	(-1.13450)	(22.0493)	(1.96623)	(-0.39562)
$\Delta \ln EUGDP_{t-2}$	331.6486	0.0099295	-0.695623	0.046890	-1.473662
	(2.68962)	(1.35825)	(-10.9268)	(0.25837)	(-0.39674)
$\Delta \ln JPGDP_{t-1}$	-2.685758	-0.025370	-0.022966	1.213512	0.206587
	(-0.07120)	(-1.13450)	(-1.17931)	(21.8593)	(0.18182)
$\Delta \ln JPGDP_{t-2}$	36.23885	0.002683	-0.009221	-0.875125	-0.062044
	(0.98337)	(0.12280)	(-0.48465)	(-16.1350)	(-0.05589)
$\Delta EXCH_{t-1}$	2.661665	0.003498	-0.002306	-0.003125	0.360293
	(0.80055)	(1.77482)	(-1.34345)	(-0.63863)	(3.59735)
$\Delta EXCH_{t-2}$	8.767021	0.003813	0.001267	0.007103	0.295657
	(2.53534)	(1.85993)	(0.70966)	(1.39573)	(2.83835)
C	0.741722	0.000223	-0.000135	-0.000866	-0.006736
	(6.13377)	(3.11662)	(-2.6101)	(-4.86768)	(-1.84913)

注：括号内数据为 t 检验统计量。

将表 4 - 8 中的 VAR 模型参数估计结果写成矩阵形式：

$$Y_t = \begin{bmatrix} 0.741722 \\ 0.000223 \\ -0.000135 \\ -0.000866 \\ -0.006736 \end{bmatrix} + \begin{bmatrix} 1.898069 & 50.64539 & -165.4287 & -2.685758 & 2.661665 \\ 0.000110 & 1.471952 & -0.025370 & -0.025370 & 0.003498 \\ 7.98E-05 & 0.069311 & 1.540517 & -0.022966 & -0.002306 \\ 0.000168 & -0.083462 & 0.391613 & 1.213512 & -0.003125 \\ 0.000459 & -5.745650 & -1.612736 & 0.206587 & 0.360293 \end{bmatrix} \times$$

$$Y_{t-1} + \begin{bmatrix} -1.050049 & 6.368133 & 331.6486 & 36.23885 & 8.767021 \\ -7.99E-05 & -0.761523 & 0.099295 & 0.002683 & 0.003813 \\ -6.30E-05 & 0.065979 & -0.695623 & -0.009221 & 0.001267 \\ -4.88E-06 & 0.192341 & 0.046890 & -0.875125 & 0.007103 \\ 7.65E-05 & 6.314222 & -1.473662 & -0.062044 & 0.295657 \end{bmatrix} \times Y_{t-2} \quad (4-27)$$

其中，$Y_t = [\Delta C_t, \ \Delta \ln USGDP_t, \ \Delta \ln EUGDP_t, \ \Delta \ln JPGDP_t, \ \Delta EXCH_t]'$。

由式（4-27）可以看出，在以共同因子 ΔC_t 为被解释变量的方程中，即式（4-27）中的第一个方程，$\Delta \ln USGDP_{t-1}$、$\Delta \ln USGDP_{t-2}$、$\Delta EXCH_{t-1}$、$\Delta EXCH_{t-2}$ 的系数都为正数，而 $\Delta \ln EUGDP_{t-1}$ 和 $\Delta \ln JPGDP_{t-1}$ 的系数则为负数，$\Delta \ln EUGDP_{t-2}$ 和 $\Delta \ln JPGDP_{t-2}$ 的系数为正数，且 $\Delta \ln EUGDP_{t-2}$ 和 $\Delta \ln JPGDP_{t-2}$ 系数的绝对值分别比 $\Delta \ln EUGDP_{t-1}$ 和 $\Delta \ln JPGDP_{t-1}$ 系数的绝对值大很多，这说明我国进出口贸易对美国 GDP 与人民币汇率较为敏感，而欧盟 GDP 与日本 GDP 对我国进出口贸易的影响具有滞后性。此外，式（4-27）也验证了美国次贷危机对我国进出口贸易传染的收入效应和价格效应的存在。

为了更加深入地研究美国次贷危机对我国进出口贸易传染的收入效应和价格效应，本书在前文构建的向量自回归 VAR（2）模型框架下进行脉冲响应分析，分析结果如图 4-8、图 4-9、图 4-10 和图 4-11 所示。这些图中的实线表示我国进出口贸易总体波动趋势的共同因子对美国、日本和欧盟这三个贸易伙伴国 GDP 以及人民币汇率的脉冲响应的波动曲线，虚线表示正负两倍标准差偏离带。

由图 4-8、图 4-9 和图 4-10 可知，当我国前三大贸易伙伴的 GDP 分别获得一个正的冲击时，它们对我国进出口贸易都具有正向促进作用，这种正向影响分别在第 12 期、第 10 期和第 7 期达到最大，之后逐渐减弱到 0。当世界经济处于繁荣发展时期，各国经济持续增长，居民收入增加，消费者对未来充满信心，进口需求较大，从而带动世界贸易迅速发展，我国进出口贸易也随之快速发展。图 4-8 和图 4-9 显示，美国 GDP 与欧盟 GDP 对我国进出口贸易的作用较为强烈，相比之下，日本 GDP 对我国进出口贸易的作用则不那么强烈。

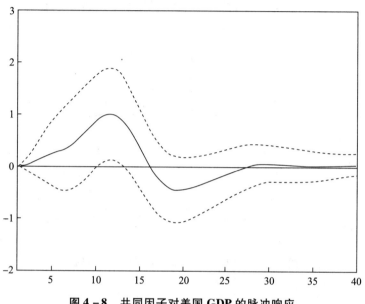

图 4 - 8　共同因子对美国 GDP 的脉冲响应

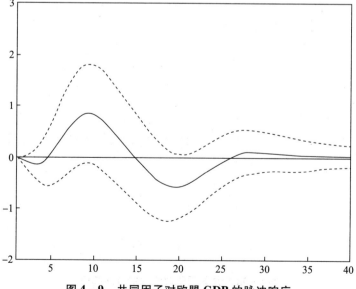

图 4 - 9　共同因子对欧盟 GDP 的脉冲响应

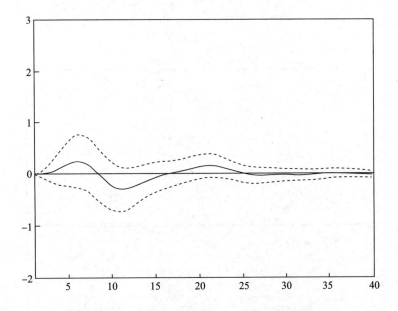

图 4 - 10　共同因子对日本 GDP 的脉冲响应

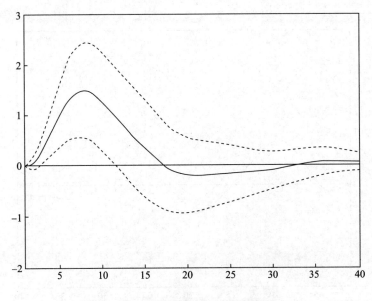

图 4 - 11　共同因子对汇率的脉冲响应

从图 4 - 11 中可以看出，当给美元/人民币汇率一个正的冲击，第 1 期我国进出口贸易的共同因子就有一个正的影响，这种正的影响逐渐增大并在第 8 期达到最大，然后开始减弱，并逐渐趋于 0。这与经济理论是相吻合的——当美元/人民币汇率下降，也就是人民币相对于美元升值时，我国出口产品在国际市场的相对价格会上升，因此，在国际竞争中失去了一定的价格优势，进而我国进出口贸易遭受负面冲击影响。

此外，为了深入地剖析我国进出口贸易面对国际金融风险的脆弱性所在，本书还针对加工贸易进口总额特定因子 SY_1、加工贸易出口总额特定因子 SY_2、一般贸易进口总额特定因子 SY_3 和一般贸易出口总额特定因子 SY_4 与美国 GDP、日本 GDP 和欧盟 GDP 以及美元/人民币汇率进行格兰杰因果检验，并在此基础上分别建立了 VAR 模型并进行脉冲响应分析，分析结果表明，4 个序列的特定因子对美国 GDP、日本 GDP 和欧盟 GDP 以及美元/人民币汇率的脉冲响应均不强烈。值得关注的是，如表 4 - 9 所示，在 1% 的显著性水平上，一般贸易出口总额的特定因子与美国 GDP、日本 GDP 和欧盟 GDP 之间存在单向格兰杰因果关系（即三个贸易伙伴的 GDP 是一般贸易特定因子的格兰杰原因），但是，与美元/人民币汇率之间不存在格兰杰因果关系。这说明一般贸易出口总额的特定因子与美国 GDP、日本 GDP 和欧盟 GDP 均存在收入效应，但是不存在价格效应。这意味着一方面我国一般贸易受益于我国贸易伙伴的经济增长，另一方面我国的一般贸易也存在着不受汇率影响的因素。

表 4 - 9　一般贸易出口总额的特定因子的格兰杰因果检验结果

检验的原假设	t 统计量	P 值
一般贸易出口特定因子不是汇率的格兰杰原因	0.20981	0.6469
汇率不是一般贸易出口特定因子的格兰杰原因	0.15531	0.6935
一般贸易出口特定因子不是美国 GDP 的格兰杰原因	2.48216	0.2891
美国 GDP 不是一般贸易出口特定因子的格兰杰原因	16.6365	0.0002 ***

续表

检验的原假设	t 统计量	P 值
一般贸易出口特定因子不是日本 GDP 的格兰杰原因	1. 12847	0. 2881
日本 GDP 不是一般贸易出口特定因子的格兰杰原因	27. 9550	0. 0000 ***
一般贸易出口特定因子不是欧盟 GDP 的格兰杰原因	2. 51574	0. 2843
欧盟 GDP 不是一般贸易出口特定因子的格兰杰原因	28. 8775	0. 0000 ***

注：*** 表示 1% 的显著性水平。

从表 4 - 10 中可以看出，在 10% 的显著性水平上，汇率与加工贸易出口总额的特定因子之间存在着单向格兰杰因果关系，即汇率是加工贸易特定因子的格兰杰原因，而加工贸易特定因子不是汇率的格兰杰原因。这说明加工贸易出口的特定因子存在价格效应，但是不存在收入效应。

表 4 - 10　　加工贸易出口总额特定因子格兰杰因果检验结果

检验的原假设	t 统计量	P 值
加工贸易出口特定因子不是汇率的格兰杰原因	0. 03589	0. 8497
汇率不是加工贸易出口特定因子的格兰杰原因	2. 83300	0. 0923 *
加工贸易出口特定因子不是美国 GDP 的格兰杰原因	0. 19610	0. 6579
美国 GDP 不是加工贸易出口特定因子的格兰杰原因	0. 86453	0. 3525
加工贸易出口特定因子不是日本 GDP 的格兰杰原因	6. 39270	0. 0115 *
日本 GDP 不是加工贸易出口特定因子的格兰杰原因	0. 73000	0. 3929
加工贸易出口特定因子不是欧盟 GDP 的格兰杰原因	1. 61490	0. 2038
欧盟 GDP 不是加工贸易出口特定因子的格兰杰原因	0. 02210	0. 8816

注：* 表示 10% 的显著性水平。

本章利用 2002 年 1 月至 2010 年 12 月加工贸易进口总额 Y_1、加工贸易出口总额 Y_2、一般贸易进口总额 Y_3 和一般贸易出口总额 Y_4 四个指标的月度数据建立斯托克和沃森的动态因子模型，提取出代表 4 个变量协同变动的共同因子和代表 4 个变量各自波动特点的特定因子，并分别针对金融危机对共同因子和 4 个变量的特定因子传染的收入效应和价格效应进行定量分析。实证研究结果表明：

（1）从式（4-21）中四个方程的 Δc_t 的系数 γ_1、γ_2、γ_3、γ_{40} 的估计结果可以看出（$\gamma_1 = 0.1426$，$\gamma_2 = 0.1285$，$\gamma_3 = 0.1463$，$\gamma_{40} = 0.0648$），Δc_t 以不同的权重进入式（4-21）中的 4 个方程。与加工贸易进口、加工贸易出口以及一般贸易进口相比，Δc_t 在一般贸易出口方程中的系数最小，这说明一般贸易受共同因子影响较小，加工贸易比一般贸易更易于受到金融危机冲击。美国次贷危机对我国这种加工贸易占有重要地位的贸易依存度较高的出口依赖型经济也造成了极大的负面冲击影响。

（2）美国 GDP 和欧盟 GDP 对我国进出口贸易的共同因子存在着强烈的收入效应。20 世纪 90 年代末至 21 世纪初，世界经济在新兴经济的带动下出现了 10 多年的持续增长，全球贸易迅速发展，世界经济进入繁荣阶段，我国进出口贸易在此期间也出现了持续快速增长。与美国 GDP 和欧盟 GDP 相比较，日本 GDP 对共同因子的收入效应较弱，这与安辉、黄万阳（2009）的结论相吻合[1]，这可能是由于日本经济陷入"失去的十年"造成的。共同因子与美国 GDP、日本 GDP 和欧盟 GDP 之间存在着双向格兰杰因果关系说明，我国与世界经济联系紧密，我国进出口贸易对外国经济增长速度的变化十分敏感，金融危机爆发前我国进出口贸易以及经济稳定的增长得益于世界经济稳定繁荣的增长。与此同时，我国的贸易伙伴国也分享了我国进出口贸易持续快速增长的利益。

（3）我国进出口贸易的共同因子存在着强烈的价格效应。在美国次贷危机期间，人民币汇率的大幅升值使我国进出口贸易形势雪上加霜。2005 年人民币汇改以来，人民币持续升值，但是在美国次贷危机爆发前，我国进出口贸易始终持续快速增长，人民币升值对我国进出口贸易的负面影响并未显现，这主要是因为金融危机爆发

---

[1]　安辉、黄万阳：《人民币汇率水平和波动对国际贸易的影响——基于中美和中日贸易的实证研究》，《金融研究》2009 年第 10 期。

前，世界经济繁荣增长，我国贸易伙伴国收入增加、外需的持续快速增长抵消了人民币升值对我国进出口贸易产生的负面影响。而金融危机爆发后，全球经济衰退，国外收入减少，外需下降，收入效应使我国进出口贸易规模大幅下降。与此同时，由金融危机引发的货币危机使得人民币有效汇率大幅升值，削弱了我国出口产品在国际市场上的价格竞争力，我国进出口贸易受到收入效应与价格效应的双重挤压而大幅下降。2005年人民币汇改以来，人民币持续单边升值，特别是金融危机爆发期间人民币有效汇率的大幅升值反映了我国的人民币汇率机制尚不完善，缺乏对国内经济形势必要的反应能力。为了提高我国抵御金融风险的能力，人民币既应可升值也可贬值，我国需要更加灵活、更加富有弹性的人民币汇率形成机制。

（4）美国次贷危机使我国经济中的深层次矛盾凸显。我国一般贸易出口总额的个体因子存在着收入效应而没有价格效应，我国加工贸易出口总额的个体因子存在着价格效应，而没有收入效应，即我国的一般贸易对外需的变动比较敏感，而加工贸易对汇率的变动比较敏感，一般贸易与加工贸易对金融危机的冲击影响具有不同的反映程度和抗风险能力。目前，我国加工贸易整体仍处于国际产业链低端，低附加值的特点明显。我国加工贸易的竞争优势主要来自低成本、低价格。金融危机中人民币有效汇率大幅升值使得我国加工贸易受到巨大的负面冲击。金融危机使得我国进出口贸易的外部环境发生了深刻的变化。我国应借此国际金融危机调整贸易结构，加快加工贸易转型升级，增强我国进出口贸易抵抗金融风险的能力，并采取政策策略扩大内需，转变我国过度依赖外部需求的经济增长模式。

本章小结

本章首先介绍了我国特有的加工贸易占有重要地位的对外贸易

方式；其次总结了美国次贷危机对我国进出口贸易的贸易规模、贸易伙伴、贸易方式等方面的冲击影响；最后从贸易方式的视角应用动态因子模型提取出代表美国次贷危机期间我国加工贸易进口、出口总额和一般贸易进口、出口总额协同变动的共同因子和分别代表它们自身波动特点的特定因子，并应用格兰杰因果检验、VAR 模型和脉冲响应分析等经济计量方法考察美国次贷危机与我国进出口贸易的动态关联，探索我国进出口贸易存在的深层次问题并得到如下结论：

（1）共同因子在危机期间出现持续大幅下滑，这表明美国次贷危机对我国进出口贸易总体造成了严重的负面影响，我国进出口贸易受美国次贷危机传染的收入效应和价格效应都很强烈，贸易伙伴国的收入以及汇率是影响美国次贷危机对我国进出口贸易传染的重要因素。相比较而言，我国进出口贸易与美国和欧盟的关联性较强，而与日本的关联则不那么强。

（2）一般贸易出口总额受共同因子影响最小，这表明我国的加工贸易比一般贸易更易于受到金融危机的冲击，而特定因子在危机期间呈现出的各自不同的波动特点表明一般贸易与加工贸易对金融危机的反应存在差异，一般贸易出口对外需的变动较为敏感，加工贸易出口则对汇率的变动较为敏感。

第五章　美国次贷危机与亚洲金融危机对我国进出口贸易传染的比较研究

1997 年的亚洲金融危机和 2007 年的美国次贷危机是 20 世纪 30 年代"大危机"以来最为典型的国际金融危机，两次金融危机中，我国进出口贸易都受到强烈的负面冲击。1997 年 7 月，亚洲金融危机在泰国爆发并迅速向其他东南亚国家蔓延；1998 年 8 月，危机严重深化并波及俄罗斯和巴西；1998 年上半年我国对亚洲出口明显下降，增长率出现大幅下滑。直至 1999 年 2 月，出口贸易总额跌至谷底之后才开始出现增长势头。考虑到我国进出口贸易在两次金融危机中遭受的多方面冲击，本章对亚洲金融危机期间我国进出口贸易的波动情况建立动态因子模型，并利用第四章的实证研究结果对两次金融危机对我国进出口贸易的传染进行比较研究。

第一节　亚洲金融危机对我国进出口贸易的冲击影响

亚洲金融危机对我国进出口贸易产生了诸多不利影响，不仅我国的进出口贸易总额出现下滑，而且贸易对象以及贸易方式等也发生了变化。

在亚洲金融危机中受到严重冲击的亚洲国家（地区）如中国香港、中国台湾、韩国以及日本与我国进出口贸易联系十分密切，我国对亚洲国家（地区）的出口份额超过 50%。这些国家（地区）

经济萎缩，居民收入下降，消费需求减少，从而对我国商品的进口
也相应地减少。此外，由于我国出口商品结构与东南亚国家（地
区）具有很大程度相似，我国在传统的纺织、玩具以及电子等劳动
密集型产品方面与东南亚国家（地区）存在激烈的竞争关系。亚洲
金融危机使东南亚国家（地区）货币大幅贬值，其出口产品竞争力
提高，从而对我国出口贸易产生负面冲击。如图 5-1 所示，由于金
融危机对一国进出口贸易的冲击影响具有滞后性，我国的月度出口
贸易总额于 1998 年 11 月开始出现大幅持续下降，并于 1999 年 1 月
跌至谷底，之后开始出现增长。

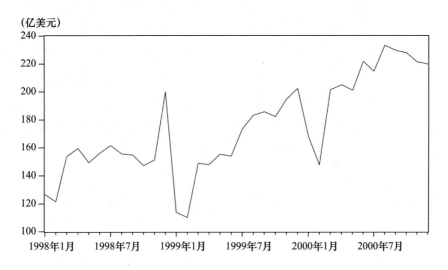

图 5-1　亚洲金融危机期间我国月度出口总额变化情况

　　由于我国各个贸易对象的特点和需求不同，它们在亚洲金融危
机期间对我国进出口贸易的影响也不同。如表 5-1 所示，亚洲金融
危机期间，我国前十大贸易对象的排名并没有太大的变化，但进出
口总额却发生变化。我国的贸易对象首先集中在亚洲，其次是北美
和欧洲。亚洲金融危机造成我国在日本、中国香港、东盟、韩国等
亚洲国家（地区）的进出口贸易出现萎缩，而在美国、欧盟以及其
他国家的进出口贸易则出现增长。

表5－1   亚洲金融危机期间我国重要贸易伙伴进出口贸易总额

单位：亿美元

年份	美国	日本	欧盟	东盟	中国香港	中国台湾	韩国	俄罗斯	澳大利亚	印度	加拿大
1997	490	608	430	243	507	198	240	61	53	18	39
1998	549	580	488	235	454	205	213	55	50	19	44
1999	615	661	557	294	438	234	250	57	63	20	48

资料来源：BvD 数据库。

亚洲金融危机对我国进出口贸易的贸易方式产生了重要影响。从图5－2中可以看出，受亚洲金融危机影响我国加工贸易进口总额 Y_1、加工贸易出口总额 Y_2、一般贸易进口总额 Y_3 以及一般贸易出口总额 Y_4 在1997年年末至1998年年末都呈现出大幅下滑的趋势之后开始回升，其中一般贸易出口额下降幅度最大。而一般贸易进口总额在1997年年初至1998年6月期间基本保持稳定，1998年年末开始大幅增长，并在1999年出现小幅波动之后持续增长。

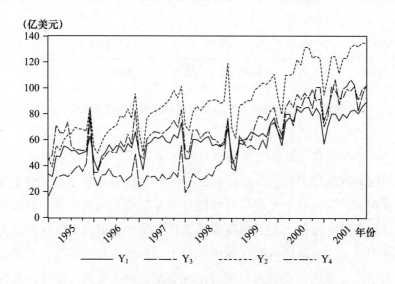

图5－2   亚洲金融危机期间我国一般贸易与加工贸易进口、出口变化情况

第二节　多元因果检验

为了比较金融危机对我国进出口贸易传染的收入效应与价格效应的重要程度，本章利用了多元因果检验。[①]

经济学中最重要的也是最难的一个问题就是变量之间的因果关系检验。这个问题之所以困难是因为社会科学的非实验性。在自然科学中，研究者可以通过做实验来确定变量之间的因果关系；在实验中，除唯一一个正在研究的可能的原因之外，其余所有可能的原因都可以保持固定不变。针对结果变量，对于每一个可能的原因都重复上述过程，研究者就可以确定变量之间的因果关系。然而，社会科学并没有这么幸运，经济学也不例外。在经济学中，所有不同的变量同时对一个相同的变量产生影响，而我们只能得到随机事件的唯一一次实际发生历史记录，从经济学角度看，这个过程是不可能像自然科学那样重复抽样的。因此，经济学中变量之间的因果关系检验面临两个难题。

第一个难题是如何区分变量之间的相关关系与因果关系。对于这一问题，格兰杰提供了一个令人满意的解决方法。由于时间序列分析利用时间的发展方向是唯一的单向的性质，因此，原因总是在结果之前，未来不能对现在产生影响。但是，过去可以对现在或者未来产生影响。基于这个概念，格兰杰利用前瞻性作为衡量标准，提出了一个检验两个变量之间因果关系的检验方法，即前文所述的格兰杰因果检验。

第二个难题是当多个可能的原因变量同时对一个结果变量产生影响时，针对成对的变量之间的因果关系的检验存在明显的不足。

[①]　C. W. Keng and S. P. Sethi, "Causality Analysis and Multivariate Autoregressive Modeling with an Application to Supermarket Sales Analysis", *Journal of Economic Dynamics and Control*, No. 3, 1981, pp. 267 – 298.

成对变量的因果检验存在忽略共同原因的可能性，当考虑了之前被忽略的共同原因之后，成对的因果关系结构就可能会发生改变。解决这个难题并不是一件简单的事情，研究者做了若干尝试，比如，利用图解模型的因果分析方法 Hsiao（1981）提出的以格兰杰因果关系定义和 Akaike's 的最后预测误差标准为基础的阶段因果检验方法。然而 Caines、Keng 和 Sethi（1981）认为，Hsiao 的阶段检验程序不能解决这样一个实际问题，即这种方法在引入等式右边的变量时没有事先将变量排序，这样，Hsiao 的方法就不能确保当引入等式右边变量的顺序发生改变时，单变量 AR 模型的系数不变。Caines（1981）给出了在使用 Hsiao 的方法之前事先确定方程右边变量引入顺序的标准。本章的定量分析中，应用的多元因果检验方法是将 Caines（1981）提供的特定权重排序标准与 Hsiao（1981）的阶段检验方法相结合的改进版本①，这种检验方法的具体步骤如下：

（1）对于一对平稳过程（X，Y），构建不同阶数的双变量 VAR 模型，然后比较这些模型的多元最终预测误差（MFPE），并选择具有最小的多元最终预测误差（MFPE）的 k 阶模型作为这对（X，Y）的最优模型。

（2）应用 Hsiao 的阶段因果检验程序来确定 X 和 Y 的因果结构。②

（3）如果作为结果的 X 变量有 n 个可能的原因变量 y_1，…，y_n，令多元最终预测误差 MEPE（X，y_i）的逆分别表示 n 个原因变量的重要程度，将这 n 个原因变量按照它们各自的重要程度降序排列。

（4）对于作为结果的 X 中的每一个变量 x，第一，利用 FPE 标准确定最优滞后阶数来构建单变量 AR 方程。然后，根据 X 的可能

①　Jin - Lung Lin, *Notes on Testing Causality*, Institute of Economics, Academia Sinica Department of Economics, National Chengchi University, 2010.

②　Cheng Hsiao, "Autogressive Modeling of Canadian Money and Income Data", *Journal of the American Statistical Association*, No. 9, 1979, pp. 553 – 560.

的原因变量的因果排序，一次在方程的右边添加一个原因变量，并在每一次添加时利用 FPE 来确定原因变量的最佳滞后阶数。假设 x 有 3 个原因变量 y^1、y^2、y^3，它们的因果排序分别是 2、3、1。我们首先利用 FPE 标准来确定 x 的 AR 模型的最优阶数，假设是 $x_t = \varphi_0 (k_0) x_t$。

第二，我们在模型中引入 y^3 并再一次利用 FPE 标准来确定最优滞后阶数 k_1，因此，我们得到了 $x_t = \varphi_0(k_0) \; x_t + \varphi_1(k_1) \; y_t^3$。

第三，我们引入 y^1；然后引入 y^2。

第四，我们得到了 x 与它的原因变量的最优单变量多元 AR 模型：

$$x_t = \varphi_0(k_0)x_t + \varphi_1(k_1)y_t^3 + \varphi_2(k_2)y_t^1 + \varphi_3(k_3)y_t^2$$

（5）将前面所有最优单变量 AR 模型集中起来，并应用完全最大似然估计方法进行估计，最后作为模型维护对整个系统进行诊断。

第三节　亚洲金融危机期间我国进出口贸易的动态因子模型

本章的实证研究依然从贸易方式视角将一般贸易与加工贸易加以区分，选取 1995 年 1 月至 2001 年 12 月的加工贸易进口总额 Y_1、加工贸易出口总额 Y_2、一般贸易进口总额 Y_3 和一般贸易出口总额 Y_4 4 个变量的月度数据构建动态因子模型。图 5 - 3 给出了 Y_1、Y_2、Y_3 和 Y_4 这 4 个序列经过季节调整之后的波动情况。

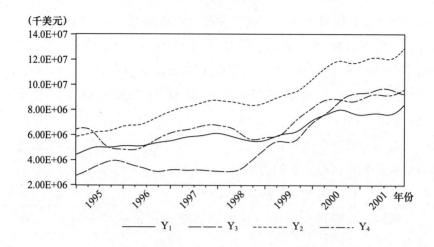

图 5 – 3　1995—2001 年样本数据的波动情况

从图 5 – 3 中可以看出，1995 年 1 月至 2001 年 12 月 Y_1、Y_2、Y_3 和 Y_4 这 4 个序列的波动情况虽然分别有自身的特点，但是，总体来看，它们的波动趋势大致相同，都是从 1995 年开始持续增长并先后在亚洲金融危机期间出现下降的趋势之后再回升，其中加工贸易进口总额 Y_1 与加工贸易出口总额 Y_2 的波动情况十分相似，它们都是从 1998 年年初开始出现持续下滑，并于 1998 年年末达到谷底之后开始出现回升的势头并持续增长，但是，相继在 2000 年再次出现下滑；一般贸易进口总额 Y_3 在 1995 年呈现出短暂的增长之后从 1995 年年末开始出现下滑的趋势，在 1996—1998 年第二季度期间出现增长停滞的状态，1998 年第三季度 Y_3 开始大幅上涨，并在 1999 年略微下降之后持续快速大幅上涨；一般贸易出口总额 Y_4 在 1995 年经历了小幅下滑之后从 1996 年开始呈现出增长的趋势，受亚洲金融危机影响在 1998 年年初开始出现大幅下滑，并在 1998—1999 年年初经历了停滞阶段之后开始持续大幅增长。由于动态因子模型要求数据是平稳的，本章将季节调整之后的样本数据进行 ADF 单位根检验，检验结果如表 5 – 2 所示。

表 5 - 2　　　　　　　　1995—2001 年样本数据的单位根检验

序列	t 统计量	P 值	序列	t 统计量	P 值
Y_1	1.0971	0.9972	$\Delta(\ln Y_1)$	-2.7599	0.0689 *
Y_2	0.6900	0.9913	$\Delta(\ln Y_2)$	-2.4121	0.0717 *
Y_3	-0.5323	0.8784	$\Delta(\ln Y_3)$	-2.0095	0.0432 *
Y_4	-0.7254	0.8337	$\Delta(\ln Y_4)$	-3.5892	0.0005 *

注：* 表示 10% 的显著性水平。

从表 5 - 2 中可以看出，Y_1、Y_2、Y_3 和 Y_4 的水平值都不能拒绝存在单位根的原假设，而这 4 个序列的一阶对数差分序列在 10% 的显著性水平上可以拒绝存在单位根的原假设，可以认为，4 个序列的一阶对数差分是平稳的，因此，本章利用 4 个变量的一阶对数差分数据建立动态因子模型。关于动态因子模型中 C_t 的自回归方程的滞后阶数 p、e_{it} 的自回归方程的滞后阶数 r 以及 Y_t 方程中的 C_t 滞后阶数 q 的确定，本章为各种（p，q，r）的组合赋予不同的数值，综合考虑了 AIC 准则和 BIC 准则以及模型计算的复杂程度，最终确定（p，q，r）的取值为（4，1，2），因此，1995 年 1 月至 2001 年 12 月样本数据的动态因子模型形式设定如下：

$$\Delta \ln Y_{it} = D_i + \gamma_i \Delta C_t + e_{it}, \quad i = 1, 2, 3, 4 \tag{5-1}$$

$$(\Delta C_t - \delta) = \varphi_1 (\Delta C_{t-1} - \delta) + \varphi_2 (\Delta C_{t-2} - \delta) + \varphi_3 (\Delta C_{t-3} - \delta) +$$
$$\varphi_4 (\Delta C_{t-4} - \delta) + \omega_t, \quad \omega_t \sim i.i.dN(0, \sigma_\omega^2) \tag{5-2}$$

$$e_{it} = \psi_{i1} e_{i, t-1} + \psi_{i2} e_{i, t-2} + \varepsilon_{it}, \quad \varepsilon_{it} \sim i.i.dN(0, \sigma_i^2), \quad i = 1, 2, 3, 4 \tag{5-3}$$

这里，$\Delta \ln Y_{it}$ 表示第 i 个变量的一阶对数差分时间序列；ΔC_t 表示 4 个序列 ΔY_{it}（$i = 1, 2, 3, 4$）的协同变动因素，即共同因子；δ 为 ΔC_t（$t = 1, 2, \cdots, T$）的均值；$(1 - \varphi_1 L - \varphi_2 L^2 - \varphi_3 L^3 - \varphi_4 L^4) = 0$ 的根在单位圆外；$(1 - \psi_{i1} L - \psi_{i2} L^2) = 0$（$i = 1, 2, 3, 4$）的根在单位圆外，$L$ 为滞后算子；所有的冲击被假设为相互独立的。

为了避免模型在最大似然估计中出现识别问题，将式（5-1）、式（5－2）以及式（5－3）中的动态因子模型写成均值离差形式：

$$\Delta y_{it} = \gamma_i \Delta c_t + e_{it}, \quad i = 1, 2, 3, 4 \tag{5-4}$$

$$\Delta c_t = \varphi_1 \Delta c_{t-1} + \varphi_2 \Delta c_{t-2} + \varphi_3 \Delta c_{t-3} + \varphi_4 \Delta c_{t-4}$$

$$+ \omega_t, \quad \omega_t \sim i.i.dN(0, \sigma_\omega^2) \tag{5-5}$$

$$e_{it} = \psi_{i1} e_{i,t-1} + \psi_{i2} e_{i,t-2} + \varepsilon_{it}, \quad \varepsilon_{it} \sim i.i.dN(0, \sigma_i^2), \quad i = 1, 2, 3, 4 \tag{5-6}$$

由于式（5－4）和式（5－5）中的 Δc_t 是不可观测的，不能采用通常的回归方程式来估计参数，因此，本章将式（5－4）、式（5－5）以及式（5－6）中的模型表示为状态空间模型形式，并利用递推的卡尔曼滤波进行参数的最大似然估计。

量测方程的具体形式为：

$$
\begin{pmatrix} \Delta y_{1t} \\ \Delta y_{2t} \\ \Delta y_{3t} \\ \Delta y_{4t} \end{pmatrix}
=
\begin{pmatrix}
\gamma_1 & 0 & 0 & 0 & 1 & 0 & 0 & 0 & 0 & 0 & 0 & 0 \\
\gamma_2 & 0 & 0 & 0 & 0 & 0 & 1 & 0 & 0 & 0 & 0 & 0 \\
\gamma_3 & 0 & 0 & 0 & 0 & 0 & 0 & 0 & 1 & 0 & 0 & 0 \\
\gamma_4 & 0 & 0 & 0 & 0 & 0 & 0 & 0 & 0 & 0 & 1 & 0 & 0
\end{pmatrix}
\begin{pmatrix}
\Delta c_t \\ \Delta c_{t-1} \\ \Delta c_{t-2} \\ \Delta c_{t-3} \\ e_{1t} \\ e_{1,t-1} \\ e_{2t} \\ e_{2,t-1} \\ e_{3t} \\ e_{3,t-1} \\ e_{4t} \\ e_{4,t-1}
\end{pmatrix}
$$

矩阵形式记作：

$$\Delta y_t = H\beta_t \tag{5-7}$$

状态方程的具体形式为：

$$\begin{pmatrix} \Delta c_t \\ \Delta c_{t-1} \\ \Delta c_{t-2} \\ \Delta c_{t-3} \\ e_{1t} \\ e_{1,t-1} \\ e_{2t} \\ e_{2,t-1} \\ e_{3t} \\ e_{3,t-1} \\ e_{4t} \\ e_{4,t-1} \end{pmatrix} = \begin{pmatrix} \varphi_1 & \varphi_2 & \varphi_3 & \varphi_4 & 0 & 0 & \cdots & 0 & 0 \\ 1 & 0 & 0 & 0 & 0 & 0 & \cdots & 0 & 0 \\ 0 & 1 & 0 & 0 & 0 & 0 & \cdots & 0 & 0 \\ 0 & 0 & 1 & 0 & 0 & 0 & \cdots & 0 & 0 \\ 0 & 0 & 0 & 0 & \psi_{11} & \psi_{12} & \cdots & 0 & 0 \\ 0 & 0 & 0 & 0 & 1 & 0 & \cdots & 0 & 0 \\ \cdots & \cdots & \cdots & \cdots & \cdots & \cdots & \cdots & \cdots & \cdots \\ 0 & 0 & 0 & 0 & 0 & 0 & \cdots & \psi_{41} & \psi_{42} \\ 0 & 0 & 0 & 0 & 0 & 0 & \cdots & 1 & 0 \end{pmatrix} \begin{pmatrix} \Delta c_{t-1} \\ \Delta c_{t-2} \\ \Delta c_{t-3} \\ \Delta c_{t-4} \\ e_{1,t-1} \\ e_{1,t-2} \\ e_{2,t-1} \\ e_{2,t-2} \\ e_{3,t-1} \\ e_{3,t-2} \\ e_{4,t-1} \\ e_{4,t-2} \end{pmatrix} + \begin{pmatrix} \omega_t \\ 0 \\ 0 \\ 0 \\ \varepsilon_{1t} \\ 0 \\ \varepsilon_{2t} \\ 0 \\ \varepsilon_{3t} \\ 0 \\ \varepsilon_{4t} \\ 0 \end{pmatrix}$$

矩阵形式记作：

$$\beta_t = F\beta_{t-1} + v_t \tag{5-8}$$

一旦给出模型的状态空间形式（5-7）以及式（5-8），基于预测误差分解，卡尔曼滤波很容易得到模型参数的最大似然估计。给定参数的估计值，再次运用卡尔曼滤波就可以得到状态变量 β_t，而 β_t 的第一个元素就是 Δc_t。

1995年1月至2001年12月样本数据的动态因子模型的具体估计形式如下（括号内数字为标准差）：

$$\Delta y_{1t} = 0.0071\Delta c_t + e_{1t} \qquad \Delta y_{2t} = 0.1910\Delta c_t + e_{2t}$$
$$\quad (0.0016) \qquad\qquad\qquad (0.0148)$$

$$\Delta y_{3t} = 0.1410\Delta c_t + e_{3t} \qquad \Delta y_{4t} = 0.0724\Delta c_t + e_{4t}$$
$$\quad (0.0175) \qquad\qquad\qquad (0.0161)$$

$$\Delta c_t = 2.1545\Delta c_{t-1} - 1.7408\Delta c_{t-2} + 0.6251\Delta c_{t-1} - 0.0842\Delta c_{t-2} + \omega_t$$
$$\quad (0.1032) \quad\quad (0.1668) \quad\quad (0.0898) \quad\quad (0.0161)$$

$$e_{1t} = 1.6192e_{1,t-1} - 0.6554e_{1,t-2} + \varepsilon_{1t}$$
$$\quad (0.0701) \qquad\quad (0.0567)$$

$$e_{2t} = 1.2976e_{2,t-1} - 0.4210e_{2,t-2} + \varepsilon_{2t}$$
$$\qquad (0.2136) \qquad (0.1392)$$

$$e_{3t} = 1.5739e_{3,t-1} - 0.6193e_{3,t-2} + \varepsilon_{3t}$$
$$\qquad (0.0820) \qquad (0.0645)$$

$$e_{4t} = 1.6237e_{4,t-1} - 0.6591e_{4,t-2} + \varepsilon_{4t}$$
$$\qquad (0.0761) \qquad (0.0618)$$

从上面的参数估计结果可以看出，共同因子 Δc_t 以不同的权重进入式（5-4）中的4个方程。与加工贸易进口、一般贸易进口以及一般贸易出口这3个指标相比，加工贸易出口受 Δc_t 的影响最大（$\gamma_2 = 0.1910$），而 $\gamma_1 = 0.0071$、$\gamma_3 = 0.1410$、$\gamma_4 = 0.0724$ 与2002—2010年样本数据的实证研究结论相吻合，两者都说明加工贸易比一般贸易更易于受到金融危机冲击。

图5-4所示的动态因子模型提取的共同因子较好地刻画了1995年1月至2001年12月我国进出口贸易的活动状态：1995—1997年，共同因子虽然有小幅波动，但是，总体呈现上升趋势。1998年年初，受亚洲金融危机影响，共同因子出现下滑，于1998年第三季度跌至谷底后开始回升，之后持续大幅上涨。

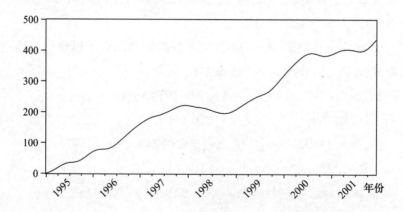

图5-4　1995年1月至2001年12月进出口贸易协同变动的共同因子

第四节　基于多元因果检验的比较研究

为了有效地对亚洲金融危机与美国次贷危机对我国进出口贸易传染的收入效应进行比较研究，本章选择我国前11大贸易伙伴的实际GDP数据（均以美元为单位），以我国与每个贸易伙伴的月度进出口总额在我国当月进出口总额的比重为权重合成加权实际GDP。我们选取的前11个贸易伙伴为美国、欧盟、日本、中国香港、东盟、韩国、中国台湾、俄罗斯、澳大利亚、印度、加拿大。1995—2001年，这11个贸易伙伴的月度进出口总额在我国当月进出口贸易总额的占比都在85%以上，其中，最高的月份为1996年12月，占91%；最低的月份为2008年8月，占85%。2002—2010年，前11个贸易伙伴的月度进出口总额占我国当月进出口贸易总额的比例都在80%左右，其中，最高的月份为2002年3月，占87%；最低的月份为2010年6月，占73%。同时，为了有效地分析和比较价格效应，我们还选取了美元/人民币汇率。本章分别针对1995—2001年和2002—2010年代表我国进出口贸易总体波动情况的共同因子，加权实际GDP和美元/人民币汇率进行格兰杰因果检验和多元因果检验来考察我国进出口贸易的收入效应和价格效应。

表5-3　　　　　　　　格兰杰因果检验结果

检验的原假设	1995—2001年		2002—2010年	
	滞后阶数	P值	滞后阶数	P值
共同因子不是美元/人民币汇率的格兰杰原因	2	0.78	2	0.94
美元/人民币汇率不是共同因子的格兰杰原因	2	0.05*	2	0.02*
共同因子不是加权实际GDP的格兰杰原因	2	0.57	3	0.55
加权实际GDP不是共同因子的格兰杰原因	2	0.14	3	0.09*

注：*表示10%的显著性水平。

　　从表5-3中的双变量格兰杰因果检验结果可以看出，在10%
的显著性水平上，1995—2001年以及2002—2010年两个样本区间
的美元/人民币汇率与共同因子之间都存在着单向格兰杰因果关系，
即汇率是共同因子的格兰杰原因，而共同因子不是汇率的格兰杰原
因。而加权实际GDP与共同因子之间的因果关系，只有2002—
2010年加权实际GDP是共同因子的格兰杰原因在10%的显著性水
平上显著，其余因果关系均不显著，由此可见，2002—2010年，汇
率与加权实际GDP都是我国进出口贸易的共同因子的可能原因。由
于格兰杰因果检验只能检验共同因子和美元/人民币汇率、共同因
子和加权实际GDP这样成对的因果结构，而当汇率和加权实际GDP
这两个因素可能同时对共同因子产生影响时，格兰杰因果检验的解
释能力则大打折扣。为了更好地检验共同因子与美元/人民币汇率、
加权实际GDP之间的因果关系，本章对2002—2010年的样本数据
进行前文所述的多元因果检验，具体步骤如下：

　　第一步：对于（共同因子，美元/人民币汇率）和（共同因子，
加权实际GDP）这两对变量分别建立双变量VAR模型，阶数从1
选到10，然后比较这些模型的最终预测误差FPE，并选择使最终预
测误差达到最小值的VAR模型作为最优VAR模型。从表5-4中可
以看出，对于（共同因子，美元/人民币汇率）的双变量VAR模
型，滞后阶数为3时最终预测误差最小。从表5-5中可以看出，对
于（共同因子，加权实际GDP）的双变量VAR模型，滞后阶数为5
时最终预测误差最小。

表5-4　　　　不同阶数（共同因子，美元/人民币汇率）的
VAR模型最终预测误差

滞后阶数	1	2	3	4	5	6	7	8	9	10
最终预测误差	19.68	3.89	1.94	2.06	2.08	2.19	2.48	2.68	2.87	3.19

表 5 – 5　　　　　　不同阶数（共同因子，加权实际 GDP）的
VAR 模型最终预测误差

滞后阶数	1	2	3	4	5	6	7	8	9	10
最终预测误差	18029	2879	1532	1498	1457	1537	1615	1487	1489	1622

第二步：由表 5 – 3 的格兰杰因果检验可知，美元/人民币汇率和加权实际 GDP 都是共同因子可能的原因变量，我们将第一步中得到的（共同因子，美元/人民币汇率）和（共同因子，加权实际 GDP）的最优 VAR 模型的最终预测误差的逆分别作为美元/人民币汇率和加权实际 GDP 原因变量的重要程度，将这两个原因变量按照重要程度的降序进行排序，即美元/人民币汇率的重要程度高于加权实际 GDP。

第三步：对于 2002—2010 年我国进出口贸易的共同因子，我们首先建立不同滞后阶数的单变量 AR 模型，通过最终预测误差最小化的标准确定共同因子的单变量 AR 模型的最优滞后阶数为 2。

由于依据第二步中的因果关系排序，美元/人民币汇率的重要程度高于加权实际 GDP，我们首先在共同因子的最优 AR 方程的右边添加美元/人民币汇率，然后再添加加权实际 GDP。由于最小化最终预测误差的方法能够平衡选择低滞后阶数带来的偏离性风险和选择高滞后阶数带来的方差增大的风险，我们在每次添加变量时利用使最终预测误差最小化的标准来确定原因变量的最优滞后阶数。

从表 5 – 6 中可以看出，在共同因子最优 AR 方程右边添入汇率变量时，随着汇率滞后阶数的上升，最终预测误差不断地减少，但是，当汇率变量的滞后阶数为 4 时，最终预测误差上升，因此，汇率的最优滞后阶数为 3。同理，加权 GDP 最优滞后阶数为 1。

表 5 – 6　　　　检验方程右边添入不同变量时的最终预测误差

加入的变量	$EXCH_{t-1}$	$EXCH_{t-2}$	$EXCH_{t-3}$	$EXCH_{t-4}$	$WGDP_{t-1}$	$WGDP_{t-2}$
最终预测误差	61.67	46.29	38.19	41.66	35.73	36.31

注：EXCH 表示汇率变量，WGDP 表示加权 GDP 变量。

最终我们获得共同因子与它的两个原因变量的最优 AR 方程，即多元因果检验方程为（括号内数据为标准差）：

$$\Delta c_t = 0.74\Delta c_{t-1} - 0.45\Delta c_{t-2} + 41.65 EXCH_{t-1} - 40.73 EXCH_{t-3} + 0.14 WGDP_{t-1}$$
$$(0.12) \qquad (0.11) \qquad (8.45) \qquad (8.28) \qquad (0.08)$$

$$(5-9)$$

在式（5-9）的构建过程中，虽然根据最小化最终预测误差原则确定的汇率最优滞后阶数为 3 阶，但是，滞后 2 阶的汇率变量的系数在方程中不显著，因此，方程中不含 $EXCH_{t-2}$ 项。由于截距项也不显著，方程中也不包含截距项。从式（5-9）中可以看出，汇率与加权 GDP 两个原因同时对共同因子产生影响，但是，相比较而言，汇率的重要程度高于加权 GDP。从方程的参数估计结果可以看出，滞后一期的美元/人民币汇率对我国进出口贸易具有正向影响（系数为 41.65），滞后三期的汇率对我国进出口贸易具有负向影响（系数为 -40.73）。当美元/人民币汇率值上升即人民币贬值时，短期内会增强我国出口产品在国际市场中的价格优势，增加我国出口商品的外部需求，但是，从长期来看，人民币贬值会压缩我国从事进出口贸易企业的利润空间，对我国进出口贸易造成负面影响。而加权 GDP 对我国进出口贸易具有正向影响（系数为 0.143），即当世界经济稳定增长时，各国居民收入增加，进口需求增大，我国进出口贸易也随之快速发展。

本章同样使用动态因子模型提取出代表亚洲金融期间我国进出口贸易波动趋势的共同因子，并利用美国次贷危机期间我国进出口贸易的共同因子，对亚洲金融危机与美国次贷危机对我国进出口贸易的传染进行比较研究，结果表明：

（1）亚洲金融危机对我国进出口贸易共同因子的传染存在显著的价格效应，但是，收入效应不显著。20 世纪 90 年代末期，东南亚各国（地区）与我国在贸易结构上很相似，出口产品大多集中在劳动密集型初级产品上，我国与东南亚各国（地区）在出口产品上存在着激烈的竞争。亚洲金融危机爆发之后，受金融危机影响较大的东南亚各国（地区）货币纷纷贬值，中国政府本着高度负责任的态度，坚持人民币不贬值，这就使我国出口产品失去价格竞争优势，因此进出口贸易价格效应显著。而收入效应之所以不显著，是由于亚洲金融危机期间，我国前三大贸易伙伴中只有日本经济出现下滑，美国和欧元区的经济在波动中缓慢增长，所以，危机期间，各国（地区）经济下滑，收入减少所引起的对我国产品需求下降的收入效应不是很明显。

（2）本章针对美国次贷危机期间我国进出口贸易传染的收入效应和价格效应的多元因果检验结果显示，虽然美国次贷危机对我国进出口贸易传染的价格效应和收入效应都很显著，但是，两者相比，价格效应更为强烈，这表明，与我国贸易伙伴国的收入相比，人民币汇率在国际金融危机对我国进出口贸易传染中起着更为重要的作用。在2001年12月11日我国正式成为世界贸易组织成员之后，世界经济经历了一个持续增长时期，从而带动我国进出口贸易持续快速增长，而美国次贷危机引起的全球经济衰退使得国外收入减少，外需下降，从而对我国进出口贸易产生负面影响，与此同时，危机发生国货币大幅贬值使得人民币有效汇率大幅升值，这削弱了我国出口产品在国际市场上的价格竞争力，而我国的出口产品以低端的劳动密集型产品居多，科技含量低，产品附加值低，在国际市场上以低价格为竞争优势，因此，与收入效应相比，美国次贷危机对我国进出口贸易影响的价格效应更为强烈。

（3）通过对亚洲金融危机与美国次贷危机对我国进出口贸易影响的比较研究，我们发现，在两次金融危机对我国进出口贸易的传染中，汇率始终扮演着重要角色。鉴于美国次贷危机期间，共同因子对一般贸易出口总额的影响最小，加之一般贸易出口总额的特定因子与人民币汇率之间不存在格兰杰因果关系，而加工贸易出口总额的特定因子与汇率之间存在显著的格兰杰因果关系，因此本书认为，以低附加值、低价格为竞争优势的加工贸易产业是我国进出口贸易面对国际金融危机传染的脆弱性之所在。本章构造的多元因果检验方程显示，汇率的贬值在短期内会增强我国出口产品在国际市场中的价格优势，增加我国出口商品的外部需求，但是，从长期来看，人民币贬值会压缩我国从事进出口贸易企业的利润空间，对我国进出口贸易造成负面影响。我国应确立有利于经济增长的汇率政策、促进加工贸易转型升级以增强我国进出口贸易抵抗金融风险的能力。

本章小结

本章首先同样为亚洲金融危机期间我国加工贸易与一般贸易的进口、出口总额建立动态因子模型提取共同因子；其次利用格兰杰因果检验考察亚洲金融危机对我国进出口贸易传染的存在性，通过与美国次贷危机的比较分析，我们发现，亚洲金融危机对我国进出口贸易传染的价格效应显著而收入效应不显著，美国金融危机的价格效应和收入效应都显著。为了比较美国次贷危机中收入效应和价格效应对我国进出口贸易影响的重要程度，本章构造了多元因果检验，得到的结论是：与收入效应相比，美国次贷危机期间价格效应对我国进出口贸易的影响更为重要。通过两次金融危机对我国进出口贸易影响的比较研究，本章发现，汇率是国际金融危机对我国进出口贸易传染的重要影响因素，因此，以低价格为竞争优势的加工贸易产业是我国进出口贸易面对国际金融危机的传染的脆弱性之所在。从本章构造的多元因果检验方程可以看出，短期内人民币贬值会增强我国出口产品的价格优势，增加我国出口商品的外部需求，但是，从长期来看，人民币贬值会压缩我国从事进出口贸易企业的利润空间，对我国进出口贸易造成负面影响，为此，我国应确立有利于维持经济持续稳定增长的汇率政策、促进加工贸易转型升级和梯度转移以增强我国进出口贸易抵抗金融风险的能力。

第六章　我国进出口贸易防范与应对金融危机对策研究

第四章与第五章的定量分析结果表明，我国进出口贸易在亚洲金融危机与美国次贷危机中蒙受了巨大的损失，留给我们的经验教训和启示是值得深思的。目前，我国经济正处于"增长速度换挡期""结构调整阵痛期"和"前期刺激政策消化期"的"三期叠加"的特定阶段，加之美国次贷危机之后，国际经济形势瞬息万变，世界贸易格局发生了深刻的变化，我国进出口贸易也面临着新的机遇与挑战。我国应以此为契机，未雨绸缪，既要持之以恒从国家层面推动经济结构战略性调整，又要树立危机应对意识，增强我国经济贸易抵抗国际金融危机的能力，确保经济持续稳定增长。本章为我国进出口贸易更好地防范与应对国际金融危机提出对策建议。

第一节　我国进出口贸易发展环境新变化

一　世界经济增长动力依然不足，经济低迷将持续一段时间

目前，虽然世界经济呈现出弱势复苏的局面，但是，世界经济低增长的态势很难从根本上发生改变。

首先，作为我国前三大贸易伙伴的世界主要发达经济体如美国、欧盟和日本等正在挣扎着从金融危机中复苏，失业率仍然较高，居民收入增长受到抑制，消费能力尚未完全恢复。

其次，发达国家政府债务依然处于高位，欧债危机尚未彻底根除，2013 年上半年欧元区经济再度出现下滑的迹象，世界经济增长受到抑制。

最后，商务部发布的《中国对外贸易形势报告（2013）春季》中指出，虽然学者认为新兴市场经济体将成为世界经济增长的新动力，但是，近期这些国家的经济增速也出现放缓迹象。

综合以上因素，世界经济增速难以恢复到危机爆发前水平，低速增长将持续一段时间，2012 年世界经济增速为 3.2%，据 IMF 预计，2013 年世界经济增速仅比 2012 年提高 0.1 个百分点，这意味着我国出口贸易的外需不振的情况短时期内难有根本好转，我国过度依赖外部需求的经济增长模式将不可持续。

二　美国次贷危机之后全球贸易保护愈演愈烈，我国成为贸易壁垒重灾区

历次国际金融危机爆发之后都会出现贸易保护主义抬头的趋势。美国次贷危机爆发以来，世界各国为减轻金融危机对实体经济造成的损失，都努力扩大出口，贸易保护主义出现爆发高峰。我国作为贸易出口大国，频频成为世界各国贸易保护措施的指向对象，针对我国的贸易摩擦案件越来越多，涉案金额越来越大，贸易保护形式也越来越多样化。根据商务部公布的统计数据（见图 6 - 1），针对我国出口产品的贸易救济调查案件数量在 2009 年达到最高，为 116 起，涉案金额高达 127 亿美元，2009 年之后被调查案件的数量和涉案金额虽然有所下降，但是，在 2012 年被调查案件的数量再次上升至 77 起，其中反倾销案件 57 起，反补贴案件 9 起，保障措施案件 9 起和特保案件 2 起，涉案金额更是激增至 277 亿美元。除贸易救济调查案外，技术性贸易壁垒、进口限制和不合理的知识产权保护等也使我国出口蒙受较大的损失。① 在商务部发布的《中国对外贸易形势报告（2012）秋季》中显示，在目前世界经济复苏没有明显

---

① 中华人民共和国商务部网站：http://www.mofcom.gov.cn/。

起色的背景下，一些国家为缓解本国就业压力，促进经济增长，会大力扶持本土产业，因此，会部分地关闭国内市场，贸易保护加剧，部分国家甚至出现"去全球化"的危险倾向。商务部研究院外贸战略研究部副主任、研究员张莉表示："在当前世界经济复苏动力仍然不足，外需低迷的态势难有根本好转的情况下，我国今后可能还会遭遇较多的贸易保护，因此从国家层面探究出台一个全盘应对贸易保护的综合措施十分重要。"①

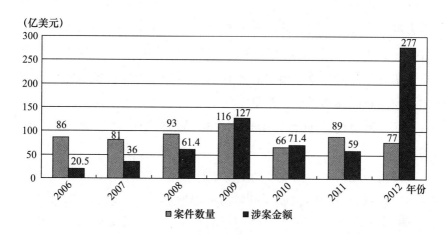

图 6-1 2006—2012 年我国对外贸易遭受贸易救济调查情况

三 生产要素成本上升与人民币升值削弱了我国出口产品的竞争力，我国出口贸易的价格优势难以维持

近年来，我国资源消耗十分严重，劳动力、土地等生产要素的成本持续上升。国家统计局发布的《2012 年我国农民工调查监测报告》显示，虽然 2012 年全年世界经济依然低速增长、我国进出口贸易外需低迷以及国内需求尚未明显改善等对我国农民工工资的涨幅造成影响，然而，截至 2012 年年底，我国外出农民工人平均月收

---

① 张慧敏：《我国产品遭贸易救济调查数量及金额均大增》，《北京商报》2013 年 1 月 8 日第 002 版。

入还是较上年提高 241 元，达到 2290 元，同比增长 11.8%。[①] 2013 年第一季度，主要监测城市工业地价同比上涨 3.3%，不断上升的生产要素成本使我国附加值较低的劳动密集型出口产业的国际竞争力受到同样以低廉的要素价格为优势参与国际竞争的泰国、越南、马来西亚以及柬埔寨等国家的挑战，这会造成我国的一些出口产业及订单，尤其是加工贸易向境外转移，从而对我国出口贸易产生负面影响。与此同时，自 2005 年人民币汇改以来，人民币持续升值，美国次贷危机之后，发达国家竞相出台量化宽松政策，人民币升值压力进一步加大。国家外汇管理局的《2013 年上半年中国国际收支报告》指出，2005 年汇改以来，人民币已累计升值达 34%。人民币大幅升值在挤压我国出口企业利润的同时，又进一步削弱了我国出口产品在国际市场上的竞争力。

四 新算法"改写"全球贸易格局，美国仍然是世界第一贸易国

根据传统的基于国境线的贸易统计方法，2012 年，我国货物进出口总额已超过美国，成为世界第一货物贸易国。然而，传统的算法记录的是一个产品出入一国边境的整个价值，这种算法能够很好地反映最终产品的国际贸易情况，但是，不能很好地反映中间产品国际贸易的真实情况。近年来，随着我国参与经济全球化程度的不断加深，以中间产品为主的加工贸易在我国进出口贸易中所占比重越来越大，传统统计方法难以准确衡量我国进出口贸易的真实情况。2012 年，经济合作与发展组织（OECD）和世界贸易组织（WTO）共同开发了"贸易增值统计体系"，这种新算法仅计算出口货物在一国的增加值。以一个涉及中国、欧盟和美国三个国家和地区的电子产品贸易为例，假设中国从美国进口 360 美元的中间产品，并在中国境内加工装配成价值为 450 美元的最终产品，然后将此电

---

① 中华人民共和国统计局：《2012 年我国农民工调查监测报告》，2013 年 4 月 27 日。

子产品出口到欧盟地区。按照传统的基于国境线的贸易统计方法，在这个贸易流程中，我国对美国贸易逆差为 360 美元，我国对欧盟贸易顺差为 450 美元，我国进出口贸易总体规模增加 810 美元。①而按照 OECD 与 WTO 开发的新算法，在这个贸易流程中，我国对欧盟的贸易顺差仅为 90 美元，而美国对欧盟的贸易顺差则为 360 美元。由此可见，传统算法存在重复计算，一方面高估了我国的贸易顺差与进出口贸易规模，另一方面也扭曲了中间产品国际贸易的本质。按照新算法，全球进出口贸易规模仅是按照传统算法的 60% 左右，在新算法下，我国与贸易伙伴之间的贸易顺逆关系可能会发生逆转；美国仍然是世界第一贸易国；我国与美国还存在较大差距。

第二节　我国进出口贸易防范与应对金融危机的对策建议

面对美国次贷危机之后新一轮的世界贸易格局调整，我国应立足于进出口贸易国际环境的新变化，着眼长远，未雨绸缪，探究与落实我国进出口贸易防范与应对国际金融危机的各项政策，推动我国进出口贸易平衡发展，维持我国经济持续稳定增长。

一　加快进出口贸易发展方式转变

美国次贷危机爆发之前，西方国家负债下的高消费需求与新兴经济体的高出口供给相得益彰，推动世界经济稳定增长，我国进出口贸易也在此期间迅猛发展，为拉动我国经济增长做出了重要贡献。然而，美国次贷危机暴露了我国进出口贸易存在的发展不平衡、发展方式不可持续等深层次问题。美国次贷危机之后，世界经济步入后危机时期，世界经济格局将发生重大变化，我国迫切需要

---

① 徐以升、孙红娟：《新算法"颠覆"全球贸易格局，中国并非第一贸易大国》，《第一财经日报》2013 年 5 月 27 日第 A01 版。

以此为契机，加快进出口贸易发展方式转变。

（一）改变以出口为导向的贸易发展策略，强调进口对经济增长的拉动作用

美国次贷危机之后，发达经济体依然挣扎在高债务、财政赤字以及高失业率的困境中，我国进出口贸易将面临外需大幅萎缩并且长期低迷的形势。我国应改变长期以来以出口为导向的贸易发展策略，强调进口、出口并重，充分发挥进口对经济的拉动作用。

（二）鼓励外贸企业加大技术创新投入，提升出口贸易产品的质量和效益

近年来，我国出口贸易虽然取得了惊人的成就，并对拉动经济增长、促进就业和技术进步做出了重要贡献，然而，我国出口商品技术含量不高，整体层次偏低，长期的粗放型增长对我国的资源和环境也造成了严重的破坏。因此，我国必须转变以资源消耗型或劳动密集型出口产品为主的出口商品结构，鼓励国内外贸企业在充分发挥劳动密集型产业优势的同时，加强自主技术创新，提高出口产品的技术含量与附加值。

二　优化进出口贸易结构

（一）调整出口贸易市场结构，减少对发达经济体的依赖

从表6-1中可以看出，我国出口贸易的市场结构十分不平衡，高度集中于少数几个国家或地区。2010年，我国与前十大贸易伙伴的进出口总额在我国与全球各国的进出口贸易总额的占比达到75%左右，而我国与前三大贸易伙伴的进出口总额占比也达到40%左右。2010年，我国与欧盟的贸易总额是与印度贸易总额的8倍左右。我国进出口贸易对欧盟、美国和日本等发达经济体的依赖性过高，这会导致我国进出口贸易对外需的变动十分敏感，也易于产生贸易摩擦，不利于我国进出口贸易协调稳定发展。为了增强我国进出口贸易抵御国际金融危机的能力，保持经济持续稳定增长，当前，我国应削弱对美国、日本和欧盟等发达经济的出口依赖，将依赖出口推动的经济增长模式转变为依赖国内需求拉动的经济增长模

式。我国应积极扩大内需，而扩大内需的关键在于扩大消费。我国应将生产方向逐步转换为生产国内需求的消费品，并调节国内收入分配结构，在提高居民收入、劳动报酬的同时缩小收入分配差距。

表6-1　　　　　2010年我国与前十大贸易伙伴进出口总额

单位：亿美元、%

国家（地区）	欧盟	美国	日本	东盟	中国香港	韩国
进出口总额	4797.1	3853.4	2977.7	2927.8	2305.8	2071.7
比重	16.14	12.96	10.02	9.85	7.76	6.97
国家（地区）	中国台湾	澳大利亚	巴西	印度	全球	
进出口总额	1453.7	880.9	625.5	617.6	29727.6	
比重	4.89	2.96	2.10	2.08	100	

资料来源：《中国统计年鉴》（2010）。

（二）积极开拓新兴市场

美国次贷危机爆发之前，世界经济维持了将近20年的平均年增速为3.5%的持续稳定增长，其中，发达经济体平均增速为2.5%，新兴经济体平均增速为4.87%。[1] 在当前的后危机时代，世界经济格局发生了显著变化，发达经济体正在挣扎着从金融危机中复苏，新兴经济体将成为全球经济增长的引擎，新兴经济体之间的国际贸易未来将彻底改变全球国际贸易格局。如表6-1所示，目前，在我国的出口市场结构中，发达经济体所占比重偏大，而新兴经济体所占比重非常小。为了实现我国进出口贸易稳定持续增长，我国在巩固美国、欧洲以及日本等传统出口市场的同时，还应该积极开辟亚洲、拉丁美洲等新兴出口市场。

（三）积极推动我国各地区进出口贸易平衡发展

我国东部、中部和西部地区的进出口贸易发展十分不平衡，这

---

[1] http://www.imf.org/external/pubs/ft/wero/2010/01/weodata/index.aspx.

种不平衡加重了我国进出口贸易的脆弱性，不利于我国应对金融危机。我国东部沿海地区的外贸产业较为发达，外贸依存度较高，而中部和西部地区的外贸产业则相对落后，外贸依存度较低。因此，在美国次贷危机中，我国东部地区受影响较大，中部和西部地区受影响较弱。我国中部和西部地区具有巨大的贸易发展潜力，这些地区的地方政府应结合当地实际情况，充分发挥比较优势，给予外贸企业政策扶持，增强企业抵御金融危机等外部冲击的能力，促进外贸企业发展。

三　调整进出口贸易政策

（一）促进加工贸易转型升级和梯度转移

改革开放以来，我国进出口贸易的发展取得了举世瞩目的成就，我国已经成为"世界工厂"，这其中加工贸易扮演了重要角色，美国次贷危机爆发之前，我国进出口贸易顺差主要来源于加工贸易。然而，加工贸易在促进就业、拉动我国经济增长做出重要贡献的同时也存在着一些矛盾和问题：我国加工贸易产品的低价格优势正在受到其他发展中国家的挑战；相当大的一部分加工贸易产业高污染、高消耗；出口产品以劳动密集型产品为主，技术含量不高，附加值低；产品的出口市场比较集中；加工贸易地区发展不平衡，东南沿海地区较为发达，中西部地区较为落后。此外，本章的定量分析结果表明，加工贸易比一般贸易更易于受到国际金融危机的冲击。美国次贷危机之后，外需下降、国际原材料价格上涨、人民币升值加快、国内劳动力成本上升等国内外经济形势的变化使加工贸易低附加值、低价格的竞争优势难以维持，为我国进出口贸易发展立下汗马功劳的加工贸易进行转型升级与梯度转移势在必行。在加工贸易转型升级方面，我国应借鉴韩国、中国台湾和新加坡等国家和地区的加工贸易转型升级的经验，促进加工贸易多角度、多层次转型升级。首先，对外商投资选择性地吸收，限制高能耗的产业进入，引导外商投资于高技术含量的产业；其次，引导加工贸易企业向落后国家转移淘汰的劳动密集型产业；再次，发挥自身优势，培育加工贸易企业自主研发能力，延伸产业价值链；最后，完善税收制度，为加工贸易升级提供保障。在梯度转移方面，我国应加强东部地区与中西部地区的交流合作，首先，引导中西部地区学习东部地区承接发达国家劳动密集型产业的经验；其次，加强中西部地区道路、通信等基础设施建设以及教育、物流产业、软件等功能性配套设施建设；再次，对优势明显的中西部承接地给予政策性贷款支持；最后，防止中西部地区简单复制东部地区的加工贸易产业模式，避免低水平重复建设等。

（二）完善进口政策，促进进出口贸易平衡发展

迅猛发展的出口贸易为我国带来持续多年的贸易顺差，但我国进出口贸易发展不平衡。由于低廉的劳动力成本是我国传统的比较优势，同时我国国内就业压力巨大，我国降低出口来促进贸易平衡发展并不是明智的选择。我国应强调进口对经济增长的推动作用，积极扩大进口规模，优化进口商品结构，调整税收政策以扩大能源资源等原材料、先进技术设备、核心零部件和国内有需求的消费品进口。

（三）积极应对国际贸易摩擦与贸易争端

美国次贷危机爆发之前，发达经济体的过度负债消费拉动了新兴经济体的进出口贸易蓬勃发展。金融危机之后，发达经济体为了刺激经济快速从金融危机中复苏，会积极采取措施促进出口增长。在后危机时代发达经济体促进出口增长的过程中，贸易保护是普遍做法，贸易保护形式也更加隐蔽和多样化。面对后危机时代贸易保护的新变化，我国政府与企业应运用国际贸易规则，争端解决机制以及双边经济对话等积极应对贸易摩擦，妥善处理贸易争端。

（四）建立有利于维持我国经济持续稳定增长的人民币汇率机制，加快人民币国际化进程

前文的实证研究表明，汇率在国际金融危机向我国进出口贸易传染的过程中发挥着重要作用。当前，我国巨额的贸易逆差以及外汇储备使人民币面临着较大的升值压力，人民币升值，一方面会削

弱我国出口产品在国际市场上的价格竞争优势；另一方面会压缩我国外贸企业的利润空间，使其陷入经营困境，这对我国经济稳定增长十分不利。美国次贷危机期间，人民币持续的单边升值反映了我国的人民币汇率机制尚不完善，缺乏对国内经济形势必要的反应能力，因此，建立更加灵活、富有弹性的人民币汇率机制对维持我国经济稳定增长至关重要。当前新一轮的世界贸易格局调整为我国推动人民币的国际使用创造了十分有利的条件，为了提高我国经济贸易抵御金融风险的能力，我国应吸取20世纪90年代日元升值的教训，致力于确立我国贸易强国的地位，确立有利于经济稳定增长的人民币汇率政策并积极推动人民币国际化。

结　论

一　研究的主要结论

在后危机时代经济形势瞬息万变的背景下，通过对国际金融危机对我国进出口贸易传染的研究，剖析国际金融危机与我国进出口贸易的关联关系，探索金融危机对我国进出口贸易的传染机制以及影响因素，发掘我国进出口贸易面对国际金融危机的脆弱性之所在，对增强我国进出口贸易的抗风险能力，推动我国经济发展具有重要意义。

本书吸收国内外前沿研究成果，依据金融危机、金融危机传染理论以及国际贸易理论，从贸易方式视角研究国际金融危机对我国进出口贸易的传染。本书为亚洲金融危机与美国次贷危机期间我国加工贸易进口、出口总额和一般贸易进口、出口总额建立动态因子模型，提取出代表这4个变量协同变动的共同因子和分别代表它们自身波动特点的特定因子，利用 VAR 模型、格兰杰因果检验、多元因果检验、脉冲响应分析等经济计量方法，考察国际金融危机与我国进出口贸易的关联关系，研究国际金融危机对我国进出口贸易的冲击影响，并通过亚洲金融危机与美国次贷危机对我国进出口贸易的传染效应比较研究，找到了金融危机向我国进出口贸易传染的主要影响因素以及我国进出口贸易面对国际金融危机的脆弱性。本书的研究成果与主要结论如下：

第一，在评价国内外前沿研究成果的优缺点基础上，确定了从贸易方式视角研究国际金融危机对我国一般贸易与加工贸易的传染。本书全面总结了学术界有代表性的研究成果，选取一般贸易进口、出口总额和加工贸易进口、出口总额这 4 个变量构建动态因子模型，并利用我国主要贸易伙伴国的实际 GDP 以及人民币汇率等指标，就国际金融危机对我国进出口贸易的传染进行了实证研究。

第二，通过对金融危机传染机制系统的理论研究指出，金融危机通过贸易渠道、金融渠道、季风效应以及净传染效应进行传染；在危机的贸易渠道传染中，收入、汇率以及贸易政策是影响贸易传染的重要因素。本书依据现代金融危机理论、金融危机传染理论，对亚洲金融危机和美国次贷危机的爆发根源及传染机制进行考察，得出亚洲金融危机爆发的原因是：政府金融监管不力情况下国内的过度投资与外资的大量引入为危机的爆发埋下了伏笔，加之僵化的汇率制度使美元升值造成的东南亚国家（地区）汇率高估最终导致了亚洲金融危机的爆发；而美国次贷危机爆发的原因是：不当的刺激经济增长的宏观政策埋下了危机的种子，泛滥的金融衍生品将房地产市场的风险传递到整个金融系统，而利率的上升和房价的下跌直接导致了次贷危机的爆发；亚洲金融危机和美国次贷危机的传播扩散是贸易渠道传染、金融渠道传染、季风效应与净传染效应等多种传染机制共同作用的结果。

第三，通过深入研究亚洲金融危机和美国次贷危机对我国进出口贸易的传染，我们发现，虽然亚洲金融危机和美国次贷危机都造成了我国进出口贸易规模在危机期间的大幅下滑，但是，这两次危机对我国进出口贸易的传染机制与传染后果有较大差别：亚洲金融危机主要通过间接多边贸易传染到我国，而美国次贷危机则同时通过直接双边贸易和间接多边贸易传染到我国。

第四，从贸易方式视角应用动态因子模型提取出代表美国次贷危机期间我国加工贸易进口、和出口总额一般贸易进口、出口总额协同变动的共同因子和分别代表它们自身波动特点的特定因子，应用格兰杰因果检验、VAR 模型和脉冲响应分析等经济计量方法考察美国次贷危机与我国进出口贸易的动态关联，探索我国进出口贸易存在的深层次问题，并得到如下结论：本书提取的共同因子在美国次贷危机期间出现持续大幅下滑，这表明美国次贷危机对我国进出口贸易总体造成了严重的负面影响，我国进出口贸易受美国次贷危机传染的收入效应和价格效应都很强烈，贸易伙伴国的收入以及汇率是影响美国次贷危机对我国进出口贸易传染的重要因素。相比较而言，我国进出口贸易与美国和欧盟的关联性较强，而与日本的关联性则不那么强。一般贸易出口总额受共同因子影响最小，这表明我国的加工贸易比一般贸易更易于受到金融危机的冲击，而特定因子在危机期间呈现出的各自不同的波动特点表明一般贸易与加工贸易对金融危机的反应存在差异，一般贸易出口对外需的变动较为敏感，加工贸易出口则对汇率的变动较为敏感。

第五，通过对亚洲金融危机与美国次贷危机对我国进出口贸易传染的比较研究得到如下结论：亚洲金融危机对我国进出口贸易传染的价格效应显著而收入效应不显著，美国金融危机的价格效应和收入效应都显著。为了比较美国次贷危机中收入效应和价格效应对我国进出口贸易影响的重要程度，本书构造了多元因果检验，得到的结论是：与收入效应相比，美国次贷危机期间价格效应对我国进出口贸易的影响更为重要，这表明相对于我国贸易伙伴的收入，汇率是国际金融危机对我国进出口贸易传染更重要的影响因素，因此，以低价格为竞争优势的加工贸易产业是我国进出口贸易面对国际金融危机的传染的脆弱性之所在。从多元因果检验方程可以看出，短期内人民币贬值有利于增强我国出口产品的价格优势，增加我国出口商品的外部需求，但是，从长期来看，人民币贬值会压缩我国从事进出口贸易企业的利润空间，对我国进出口贸易造成负面影响。为此，我国应确立有利于维持经济持续稳定增长的汇率政策，促进加工贸易转型升级和梯度转移以增强我国进出口贸易抵抗金融风险的能力。

第六，系统地分析美国次贷危机之后我国进出口贸易环境的新变化，为我国进出口贸易防范与应对国际金融危机提出转变贸易发展方式、优化贸易结构、完善进出口贸易政策、推动加工贸易转型以及加快人民币国际化进程等对策建议。

本书的研究丰富了金融危机传染理论，加强了金融危机对我国进出口贸易传染的研究深度，在如今的后危机背景下，对我国提高防范与应对国际金融的风险能力具有重要意义。

二　进一步拓展

本书的研究还存在一些有待于进一步拓展的地方：

第一，由于月度数据频率高，计算精度好，本书主要选取月度频率数据进行建模。然而，GDP 指标只有季度数据，而将 GDP 数据进行频率转换时会丢失数据的某些信息，这是一个值得深入研究的问题。

第二，由于金融危机对我国进出口贸易传染的政策效应难以计量，因此，本书在对国际金融危机对我国进出口贸易传染的研究中只是针对收入效应与价格效应进行定量分析，而对于政策效应只是通过浅显的描述性事实分析，如何量化政策效应有待进一步研究。

参考文献

1. 安辉：《当代金融危机的特征及其理论阐释》，《财经问题研究》2003 年第 2 期。

2. 安辉：《现代金融危机生成的机理与国际传导机制研究》，博士学位论文，东北财经大学，2003 年。

3. 安辉：《现代金融危机国际传导机制及实证分析——以亚洲金融危机为例》，《财经问题研究》2004 年第 8 期。

4. ［美］保罗·克鲁格曼：《论新一代危机模型》，《国际金融研究》2001 年第 10 期。

5. 边立铭：《浅析俄罗斯经济的对外依赖性》，《世界经济》1999 年第 1 期。

6. 陈昶学：《次贷危机的传导机制与影响研究》，博士学位论文，东北财经大学，2010 年。

7. 陈守东、刘琳琳：《国际金融危机对我国进出口贸易的冲击——基于贸易方式视角的实证研究》，《吉林大学学报》（社会科学版）2012 年第 4 期。

8. 陈守东、刘琳琳：《美国金融危机对中国进出口贸易的影响》，《当代经济研究》2013 年第 6 期。

9. 陈学彬、徐明东：《本次金融危机对我国对外贸易影响的定量分析》，《复旦学报》2010 年第 1 期。

10. 程盛芝、叶岑：《国外货币危机模型评述》，《西安交通大学学报》2001 年第 12 期。

11. 邸倩：《金融危机国际传导原因的空间计量分析》，硕士学位论文，暨南大学，2012 年。

12. 董文泉、高铁梅、陈磊、吴桂珍：《Stock – Watson 型景气指数及其对我国经济的应用》，《数量经济技术经济研究》1995 年第12 期。

13. 董文泉、高铁梅、姜诗章、陈磊：《经济周期波动的分析与预测》，吉林大学出版社 1998 年版。

14. 董小君：《金融风险预警机制研究》，清华大学出版社 2004年版。

15. 范恒森、李连三：《金融传染的渠道与政策含义》，《国际金融研究》2001 年第 8 期。

16. 范恒森、李连三：《论金融危机传染路径及对我国的启示》，《财经研究》2001 年第 11 期。

17. 范小云：《繁荣的背后——金融系统性风险的本质、测度与管理》，中国金融出版社 2006 年版。

18. 方毅、张屹山：《国内外金属期货市场"风险传染"的实证研究》，《金融研究》2007 年第 5 期。

19. 费颖：《金融危机对我国加工贸易发展的影响及对策分析》，硕士学位论文，吉林大学，2010 年。

20. 高铁梅：《计量经济分析方法与建模——Eviews 应用及实例》（第二版），清华大学出版社 2009 年版。

21. 高伟：《金融危机的发生机制及防治对策研究》，硕士学位论文，西南财经大学，2012 年。

22. 郭清马：《开放经济下货币危机的形成、演进与防控机制研究》，博士学位论文，中共中央党校，2006 年。

23. 胡江云：《国际贸易格局对中国贸易产生重大影响》，《中国经济时报》2013 年 7 月 26 日第 005 版。

24. 金洪飞：《新兴市场货币危机机理研究》，博士学位论文，清华大学，2002 年。

25. 郎金焕、史晋川：《加工贸易、一般贸易与外部需求冲击的传导机制》,《浙江大学学报》(人文社会科学版) 2013 年第 1 期。

26. 李宝英:《金融危机对我国加工贸易的影响研究》,硕士学位论文,北京交通大学,2009 年。

27. 李小牧:《九十年代金融危机的国际传导研究》,博士学位论文,辽宁大学,2000 年。

28. 李喆:《基于非线性相互依赖性的金融危机传染机制研究》,博士学位论文,哈尔滨工业大学,2010 年。

29. 李子联、黄瑞玲:《中国进出口贸易的金融危机冲击效应》,《上海立信会计学院学报》2010 年第 3 期。

30. 刘莉亚:《新兴市场国家(地区)金融危机理论研究》,上海财经大学出版社 2004 年版。

31. 刘园、王达学:《金融危机的防范与管理》,北京大学出版社 1999 年版。

32. 刘志彪:《基于内需的经济全球化:中国分享第二波全球化红利的战略选择》,《南京大学学报》2012 年第 2 期。

33. 卢盛荣:《国际金融危机对中国经济的影响及传导机制》,《东南学术》2009 年第 1 期。

34. 罗春婵:《金融危机传导理论研究》,硕士学位论文,辽宁大学,2010 年。

35. 马辉:《中国金融风险指标体系构建与预警研究》,博士学位论文,吉林大学,2009 年。

36. 马君潞、吕剑:《人民币汇率制度与金融危机发生概率——基于 Probit 和 Logit 模型的实证分析》,《国际金融研究》2007 年第 9 期。

37. 马欣:《加工贸易与一般贸易对中国经济增长影响的比较研究》,硕士学位论文,南京大学,2011 年。

38. [美] 查尔斯·P. 金德尔伯格、罗伯特·Z. 阿利伯:《疯狂、惊恐和崩溃:金融危机史》(第 5 版),朱隽等译,中国金融出版社 2011 年版。

39. 牟晓云：《金融危机对中日韩三国经济的影响及政府的对策效应研究》，博士学位论文，吉林大学，2011 年。

40. 潘新霞：《国际金融危机背景下的中美贸易失衡问题研究》，硕士学位论文，黑龙江大学，2010 年。

41. 裴平、张倩、胡志锋：《国际金融危机对我国出口贸易的影响》，《金融研究》2009 年第 8 期。

42. 朴明根：《二元经济与我国金融危机防范研究》，经济科学出版社 2006 年版。

43. 清华大学国际经济研究中心：《全球价值链时代的贸易格局》，《中国联合商报》2013 年 7 月 1 日第 A04 版。

44. 商瑾：《金融风险及防范对策研究——基于财政联结的角度》，硕士学位论文，财政部财政科学研究院，2012 年。

45. 沈亚芳、应瑞瑶：《对外贸易、环境污染与政策调整》，《国际贸易问题》2005 年第 1 期。

46. 谭冬：《国际金融危机下中国加工贸易转型升级的对策研究》，硕士学位论文，东北财经大学，2010 年。

47. 谭秀英：《东亚金融危机中的日本对外贸易》，《世界经济》1998 年第 10 期。

48. 王春峰：《金融危机——理论与模型》，《天津大学学报》（社会科学版）2000 年第 9 期。

49. 王德祥：《当代国际货币危机理论模型评析》，《世界经济》2000 年第 1 期。

50. 王会强：《亚洲金融危机与美国次贷危机对我国出口贸易影响的比较分析》，博士学位论文，河北大学，2012 年。

51. 王维红：《国际贸易网络中金融危机跨国传播研究：基于复杂网络》，博士学位论文，东华大学，2012 年。

52. 王晓雷：《金融危机对美国对外贸易、贸易收支和经济增长的影响》，《国际贸易问题》2009 年第 1 期。

53. 韦艳华、张世英：《金融市场的相关性分析——Copula—GARCH

模型及其应用》,《系统工程》2004 年第 4 期。

54. 韦艳华、齐树天:《亚洲新兴市场金融危机传染问题研究——基于 Copula 理论的检验方法》,《国际金融研究》2008 年第 9 期。

55. 吴莹、张一等:《中国进出口贸易预测与分析》,科学出版社 2005 年版。

56. 吴有昌:《现代货币危机理论及其启示》,《财贸经济》1999 年第 3 期。

57. 谢志超、曾忠东:《美国金融危机对我国金融市场传染效应研究》,《四川大学学报》(哲学社会科学版) 2012 年第 1 期。

58. 熊芳:《中国贸易失衡问题:基于跨时贸易理论的研究》,博士学位论文,暨南大学,2012 年。

59. 徐蓉:《我国加工贸易转型升级研究》,硕士学位论文,南京财经大学,2011 年。

60. 徐以升、孙红娟:《新算法"颠覆"全球贸易格局,中国并非第一贸易大国》,《第一财经日报》2013 年 5 月 27 日第 A01 版。

61. [英] 约翰·伊特韦尔、[美] 默里·米尔盖特、[美] 彼得·纽曼:《新帕尔格雷夫经济学大辞典》,经济科学出版社 1996 年版。

62. 游家兴:《经济一体化会放大金融危机传染效应吗?——以中国为样本》,《国际金融研究》2010 年第 1 期。

63. 余岭:《国际金融危机传导机制及对中国经济影响和对策分析》,《财贸经济》2009 年第 6 期。

64. 张晨宏:《基于系统复杂性的金融危机演化分析》,博士学位论文,青岛大学,2012 年。

65. 张萍:《美国金融危机与中国出口贸易:机理与实证》,硕士学位论文,浙江大学,2010 年。

66. 张晓峒:《Eviews 使用指南与案例》,机械工业出版社 2007 年版。

67. 张志波、齐中英:《基于 VAR 模型的金融危机传染效应检验方法与实证分析》,《管理工程学报》2005 年第 3 期。

68. 张志波:《金融危机传染与国家经济安全》,上海社会科学院出版社 2007 年版。

69. 中国科学院金融避险对策研究组:《亚洲金融危机对我国进出口贸易的影响》,《统计研究》1998 年第 6 期。

70. 中国社会科学院经济学部赴美考察团:《美国次贷危机考察报告》,2008 年。

71. 中华人民共和国商务部:《2012 年秋季中国对外贸易形势报告》,2012 年 9 月 28 日。

72. 中华人民共和国商务部:《2013 年春季中国对外贸易经济形势报告》,2013 年 4 月 28 日。

73. 仲伟周、蔺建武:《全球金融危机对我国出口贸易的影响及应对策略研究》,《国际贸易问题》2012 年第 9 期。

74. 朱波、范方志:《金融危机理论与模型综述》,《金融研究》1998 年第 8 期。

75. Berg, Andrew and Pattillo Catherine, "Predicting Currency Crises: the Indicators Approach and an Alternative", *Journal of International Money and Finance*, No. 18, 1999, pp. 561 – 586.

76. Calvo, Guillermo A., Mendoza, Enrique G., "Rational Contagion and the Globalization of Securities Markets", *Journal of International Economics*, No. 51, 2000, pp. 79 – 113.

77. Calvo, Sara and Reinhart Carmen, "Capital Flows Latin America: Is there Evidence of Contagion Effects?", *Policy Research Working Paper*, No. 1619, 1996.

78. Chang, Roberto and Velasco Andres, "Financial Crises in Emerging Markets: A canonical Model", *Federal Reserve Bank of Atlanta Working Paper*, No. 7, 1998, pp. 98 – 110.

79. Cheng Hsiao, "Autoregressive Modeling of Canadian Money and income Data", *Journal of the American Statistical Association*, No. 9,

1979, pp. 553 – 560.

80. Corsetti, Giancarlo, Pesenti Paolo and Roubini Nouriel, "What Caused the Asian Currency and Financial Crisis?", *NBER Working Paper*, No. 6388, 1998.

81. Corsetti, Giancarlo, Pesenti Paolo, Roubini Nouriel and Ce dric Tille, "Competitice Devaluations: Toward a Welfare – Based Approach", *Journal of Internation Economics*, No. 51, 2000, pp. 217 –241.

82. C. W. Keng and S. P. Sethi, "Causality Analysis and Multivariate Autogressive Modeling with an Application to Supermarket Sales Analysis", *Journal of Economic Dynamics and Control*, No. 3, 1981, pp. 267 –298.

83. Diamond, Douglas W. and Dybvig Philip, "Bank Runs, Deposit Insurance, and Liquidity", *Journal of political Economy*, Vol. 91, No. 3, 1983, pp. 401 –419.

84. Drazen, Allan, "Political Contagion in Currency Crises", *NBER Working Paper*, No. W7211, 1999.

85. Edwards, Sebastain, "Interest Rate Volatility, Capital Controls and Contagion", *NBER Working Paper*, No. 6756, 1998.

86. Eichengreen, Barry, Rose, Andrew K. and Wyplosz Charles, "Exchange Market Mayhem: The Antecedents and Aftermath of Speculative Attacks", *Economic Policy*, No. 10, 1995, pp. 249 –312.

87. Eichengreen, Barry, Rose Andrew and Wyplosz Charles, "Contagious Currency Crises", *Scandinacian Journal of Economics*, No. 98 (4), 1996, pp. 463 –484.

88. Engle, Robert F. and Granger, C. W. J., "Co – Integration and Error Correction: Representation, Estimation, and Testing", *Econometrica*, Vol. 55, No. 2, 1987, pp. 251 –276.

89. Flood, Robert and Garber Peter, "Collapsing Exchange Rate Regime: Some Linear Example", *Journal of International Economics*, No. 17,

1984, pp. 1 – 13.

90. Frankel, Jeffrey A. and Rose Andrew K. Rose, "Currency Crashes in Emerging Markets: An Empirical Treatment", *Journal of International Economics*, No. 41, 1996, pp. 351 – 366.

91. Gerlach, Stefan and Smets Frank, "Contagious Speculative Attacks", *BIS Working Paper*, No. 22, 1994.

92. Glick Reuven, Rose, Andrew K., "Contagion and trade: Why are Currency Crises Regional?", *NBER Working Peper*, No. 6806, 1998.

93. Granger, C. W. J., "Investigating Causal Relations by Econometric Models and Cross – Spectral Methods", *Econometrica*, Vol. 37, No. 3, 1969, pp. 424 – 438.

94. Granger, C. W. J. and Jin – Lung Lin, "Causality in the long run", *Econometric Theory*, No. 11, 1994, pp. 530 – 536.

95. Kaminsky, Graciela Laura, "Currency and Banking Crises: The Early Warnings of Distress", *IMF Working Paper*, 1999, WP/99/178.

96. Kaminsky, Graciela, Lizondo Saul, Reinhart, Carmen M., "Leading Indications of Currency Crises", *IMF Working Paper*, 1997, WP/97/79.

97. Kaminsky, Graciela and Reinhart Carmen, "On Crises, Contagion, and Confusion", *Journal of Internation Economics*, No. 51 (1), 1998, pp. 145 – 168.

98. Krugman, Paul, "A Model of Balance – of – Payment Crises", *Journal of Money*, Credit, and Banking, Vol. 11, No. 3, 979, pp. 311 – 325.

99. Krugman, Paul, "Balance Sheets, the Transfer Problem and Financial Crises", *International Tax and Public Finance*, No. 6 (4), 1999, pp. 459 – 472.

100. Masson Paul, "Contagion: Monsoonal Effects, Spillovers, and Jumps between multiple equilibrium", *IMF Working Paper*, 1998, WP/98/

142.

101. Masson, Paul, "Contagion: Macroeconomic Models with Multiple Equilibria", *Journal of International Money and Finance*, No. 18 (18), 1999, pp. 587 –602.

102. Masson, Paul, "Multiple Equilibria, Contagion, and the Emerging Market Crises", *IMF Working Paper*, 1999, WP/99/164.

103. Obstfeld, Maurice, "Models of Currency Crises with Self – Fulfilling Features", *European Economic Review*, No. 40, 1996, pp. 1037 –1047.

104. Obstfeld, Maurice, "Rational and Self – Fulfilling Balance – of – payments Crises", *American Economic Review*, No. 76, 1986, pp. 72 – 81.

105. Obstfeld, Maurice, "The Logic of Currency Crises", *NBER Working Paper*, No. 4640, 1994.

106. Phillips, P. C. B., "Impulse Response and Forecast Error Variance Asymptotics in nonstationary VAR's", *Journal of Econometrics*, No. 8, 1998, pp. 21 –56.

107. Radelet, Steven and Sachs, Jeffrey D., "The East Asian Financial Crisis: Diagnosis, Remedies, Prospects", *Brookings Papers on Economic Activity*, Vol. 1998, No. 1, 1998, pp. 1 –90.

108. Radelet, Steven and Sachs, Jeffrey, "The Onset of the East Asian Financial Crisis", *NBER Working Paper*, No. 6680, 1998.

109. Rose, Andrew K. and Spiegel, Mark M., "Cross – Country Causes and Consequences of the 2008 Crisis: Early Warning", *NBER Working Paper*, No. 15357, 2009.

110. Sachs, Jeffrey, Tornell Aaron and Velasco Andres, "Financial Crises in Emerging Markets: The Lessons From 1995", *NBER Working Paper*, No. 5576, 1996.

111. Sims, Christopher A., "Money, Imcome, and Causality", *The American Economic Review*, Vol. 62, No. 4, 1972, pp. 540 –552.

112. Stock，J. H. and Watson，M. W.，"*New Indexes of Coincident and Leading Economic Indicators*"，Social Science Electronic Publishing，No. 4 （3），1990，pp. 351 – 409.

后　记

　　本书是在我的博士论文基础上整理、润色而成。在吉林大学商学院攻读博士学位期间，得到了很多老师的关心、指导和帮助，在此致以我最诚挚的谢意。感谢导师陈守东教授，陈老师的长者风范令人如沐春风，他严谨的治学态度，乐观进取、坦荡豁达的品格令我钦佩不已。师恩浩荡，我将永远铭记于心。感谢读博期间所有的一课之师、一面之师、一言之师，他们不仅精心传授我专业知识，更使我明白许多做人的道理。他们的谆谆教诲犹如一盏明灯，将成为我人生永久的感动，激励我奋发向上。感谢研究生同学和师门的兄弟姐妹，我会一直珍惜、铭记一起度过的每个相互陪伴、相互鼓励、共同奋斗的日子，愿友谊地久天长。

　　值本书出版之际，回忆起我的博士求学经历，百感交集，感慨良多。这条求学之路是如此艰辛，其中夹杂着痛苦、彷徨甚至是恐惧，但对于我来说受益匪浅，意义非凡。每一次为了解决学术研究中遇到的问题而冥思苦想、夜不能寐、挑战思维和身体的极限时都是艰辛和痛苦的，每一次辗转于日常工作与学术研究之间有心向学而又分身乏术时都是疲惫和彷徨的。巨大的压力曾一度使我感到恐惧甚至想要逃避，是师长们的期望和诸多同辈们的鼓励激励我前行。每一次痛苦之后都是知识和能力的提升，每一次彷徨之后都是精神的升华。在一次次自我挑战中，我不但实现了对知识的深化理解、应用能力的提升，而且收获了心灵的成长。一路走来，披星戴月，跨过沟沟坎坎，幸运的是，我在忙碌与彷徨中找到了真正的自己，获得了精神的独立。没有读博之前，我是一个传统意义上的好学生，习惯于从别人的评价和各种考试、测试中寻得自信，在考试中"表现突出"，却缺乏独立思考的能力。读博之后，我在博士学习生活中渐渐明白，如果一个人的自信和快乐建立在外物、外人、外境之上，那么他的自信和快乐就是有条件的，也是易逝的，很容易随着外在条件的改变而消失，只有内心的精致丰盈，才是幸福生活的真正源泉。

儿时的我也曾有过很多美好的梦想，然而，随着时光的流逝和年龄的增长，我逐渐地意识到理想与现实的差距，也曾慨叹年少时的天真，许多美好的梦想流于空想和幻想。生命中有太多不确定又不可解释的因素，世间诸事成败，也不仅仅由努力和能力所决定，而读书恰恰是为数不多的功到自然成的科属。读书可以明智，读书可以使内心精致丰盈。我们不能左右命运，但是，读书可以使我们以优雅高贵的姿态与命运握手言和，坦然地接受命运安排的一切，包括好的和不好的。感谢生命中所有经历过的人和事，无论是令我欢愉的还是悲伤的、欣慰的还是沮丧的，都是命运赐予我的礼物，都已成为解开人生迷惑的钥匙，都已成为照亮人生的宝贵财富。

当韶华不再，青春渐行渐远，忙碌的工作之余，能够远离喧嚣纷扰静静地享受读书的乐趣已经成为每天最值得我期待的事情。当思维在一本本书籍中领略前人智慧的结晶，感悟生活的精彩和生命的真谛时，我真切地感觉到青春在延长。感谢读书让我走进一个精彩而又真实的精神世界。感谢读书让我在生活的道路上越走越从容、越走越坚定。对于我来说，博士学习生活已经结束，读书却没有休止符，时刻保持好奇心与求知欲，读书永远在路上。

本书得以顺利出版，要感谢吉林财经大学科研处的出版经费资助，感谢中国社会科学出版社卢小生编辑的支持。

刘琳琳
2017 年 5 月于长春